Jürgen Johannes Schex

Lebensphasenorientierte Personalpolitik der Stadt Rosenheim

Biografieorientierung im Kontext der beruflichen Laufbahn

Diplomica Verlag GmbH

Schex, Jürgen Johannes: Lebensphasenorientierte Personalpolitik der Stadt Rosenheim. Biografieorientierung im Kontext der beruflichen Laufbahn, Hamburg, Diplomica Verlag GmbH 2016

Buch-ISBN: 978-3-96146-504-0
PDF-eBook-ISBN: 978-3-96146-004-5
Druck/Herstellung: Diplomica® Verlag GmbH, Hamburg, 2016

Bibliografische Information der Deutschen Nationalbibliothek:
Die Deutsche Nationalbibliothek verzeichnet diese Publikation in der Deutschen Nationalbibliografie; detaillierte bibliografische Daten sind im Internet über http://dnb.d-nb.de abrufbar.

© Diplomica Verlag GmbH
Hermannstal 119k, 22119 Hamburg
http://www.diplomica-verlag.de, Hamburg 2016
Printed in Germany

Über den Autor

 Jürgen Johannes Schex, Dipl.-Verwaltungswirt (FH), wurde 1992 in Wasserburg a. Inn geboren. Nach seiner Berufsausbildung zum „Verwaltungsfachangestellten – Fachrichtung allgemeine innere Verwaltung des Freistaates Bayern und Kommunalverwaltung" entschied sich der Autor, seine fachliche Qualifikation mit einem dualen Studium zum Dipl.-Verwaltungswirt (FH) bei der Stadt Rosenheim und der „Fachhochschule für öffentliche Verwaltung und Rechtspflege in Bayern – Fachbereich Allgemeine Innere Verwaltung" weiter auszubauen. Im Rahmen seines Studiums zum Dipl.-Verwaltungswirt (FH) absolvierte er außerdem ein Auslandspraktikum an der Southampton Solent University, England. Das Studium schloss der Autor im Jahre 2016 erfolgreich ab.

Bereits während seiner Berufsausbildung und seines dualen Studiums sammelte der Autor umfassende praktische Erfahrungen im Personalbereich. Weiter entwickelte der Autor ein besonderes Interesse an der lebensphasenorientierten Personalpolitik und der Biografieorientierung. Seine Tätigkeit in verschiedenen Personalabteilungen motivierte ihn, sich der Thematik des vorliegenden Buches zu widmen. Derzeit ist der Autor als Mitarbeiter in der Personalabteilung eines großen Dienstleistungsunternehmens und als freiberuflicher Dozent für Personalwesen und Betriebswirtschaftslehre tätig.

Inhaltsverzeichnis

Abkürzungsverzeichnis

AL	Angestelltenlehrgang
ArbSchG	Arbeitsschutzgesetz
ArbStättV	Arbeitsstättenverordnung
ASiG	Arbeitssicherheitsgesetz
AzV	Arbeitszeitverordnung
BAG	Bundesarbeitsgericht
BayBesG	Bayerisches Besoldungsgesetz
BayBG	Bayerisches Beamtengesetz
BBiG	Berufsbildungsgesetz
BeamtStG	Beamtenstatusgesetz
BEEG	Bundeselterngeld- und Elternzeitgesetz
BEM	Betriebliches Eingliederungsmanagement
Bes.Gr.	Besoldungsgruppe
BGM	Betriebliches Gesundheitsmanagement
Buchst.	Buchstabe
BVS	Bayerische Verwaltungsschule
DGUV	Deutsche Gesetzliche Unfallversicherung
DV BEM	Dienstvereinbarung über das Betriebliche Eingliederungs-management bei der Stadt Rosenheim
DV-TELEA	Dienstvereinbarung Telearbeit der Stadt Rosenheim vom 01.09.2011
FALTER	Flexible Altersarbeitszeit
FPfZG	Familienpflegezeitgesetz
gem.	gemäß
grds.	grundsätzlich
i. d. R.	in der Regel
KGSt	Kommunale Gemeinschaftsstelle für Verwaltungsmanagement
LlbG	Leistungslaufbahngesetz

nVD	nichttechnischer Verwaltungsdienst
PflegeZG	Pflegezeitgesetz
QE	Qualifikationsebene
Rdnr. / Rdnrn.	Randnummer / Randnummern
SGB IV	Sozialgesetzbuch Viertes Buch
SGB VII	Sozialgesetzbuch Siebtes Buch
SGB IX	Sozialgesetzbuch Neuntes Buch
TV FlexAZ	Tarifvertrag zu flexiblen Arbeitszeitregelungen für ältere Beschäftigte
TVG	Tarifvertragsgesetz
TVöD	Tarifvertrag für den öffentlichen Dienst
TzBfG	Teilzeit- und Befristungsgesetz
UrlV	Urlaubsverordnung
VFA-K	Verwaltungsfachangestellte/r – Fachrichtung allgemeine innere Verwaltung des Freistaates Bayern und Kommunalverwaltung
VV-BeamtR	Verwaltungsvorschriften zum Beamtenrecht

Abbildungsverzeichnis

Hinweise

Zur besseren Lesbarkeit wird in dem vorliegenden Buch die männliche Form verwendet. Die weibliche Form ist selbstverständlich immer mit eingeschlossen.

Außerdem sind mit dem Begriff „Mitarbeiter" sowohl Beamte wie auch Tarifbeschäftigte gemeint. Wenn es unterschiedliche rechtliche Rahmenbedingungen erfordern, wird eine Differenzierung der Begrifflichkeiten vorgenommen.

Das vorliegende Buch beschränkt sich inhaltlich auf die allgemeine innere Verwaltung der Stadt Rosenheim, sodass ausgegliederte städtische Unternehmen mit eigener Rechtspersönlichkeit oder auch spezielle Berufsgruppen wie Lehrkräfte, soziale und technische Dienste keine Berücksichtigung finden. Jedoch sollen die vorliegenden Arbeitsergebnisse richtungsweisend für die gesamte Personalpolitik der Stadt Rosenheim sein. Stichtag für die erhobenen Daten, die Grundlage für Statistiken und Aussagen im Zusammenhang mit der Stadt Rosenheim stehen, ist der 01.12.2015. Gleiches gilt für den maßgeblichen Rechtsstand.

Für den Bereich der Arbeitnehmer findet der TVöD entweder kraft Gesetzes bei beidseitiger Tarifgebundenheit (§ 4 Abs. 1 Satz 1, § 3 Abs. 1 und § 2 Abs. 1 TVG) oder durch die Aufnahme einer „Einbeziehungsabrede" unter § 2 des jeweiligen Arbeitsvertrags Anwendung. Für Beamte ist insbesondere das BeamtStG und das bayerische Beamtenrecht maßgebend (Art. 1 Abs. 1 BayBG). Das „Gleichstellungskonzept der Stadtverwaltung Rosenheim mit Mädchenrealschule, Baubetriebshof und Stadtentwässerung" befand sich zum Zeitpunkt der Erstellung dieses Buches in der Entwurfsphase. Aus kommunalrechtlichen Gründen wird auf einen Abdruck des Personalausschussbeschlusses der Stadt Rosenheim vom 19.10.1988 im Anlagenverzeichnis verzichtet, da dieser Beschluss in nichtöffentlicher Sitzung gefasst wurde.

1 Einleitung

Die oberbayerische kreisfreie Stadt Rosenheim mit über 60.000 Einwohnern ist das wirtschaftliche und kulturelle Zentrum zwischen München und Salzburg.[1] Die Stadt Rosenheim präsentiert sich laut aktuellem Leitbild als eine bürgerfreundliche, offene und gut funktionierende Stadt. Dabei sind der globale Wettbewerb, ökologische Veränderungen und der demographische Wandel zentrale Herausforderungen für die Stadt Rosenheim.[2] Um die vielfältigen Aufgaben und Visionen einer kreisfreien Stadt entsprechend dem Leitbild weiter wahrzunehmen, benötigt die Stadt Rosenheim qualifiziertes Personal. Hierzu sind kompetente Mitarbeiter mit unterschiedlichsten Professionen erforderlich.

Der demografische Wandel ist aktuell in vielen Wirtschaftszweigen und Verwaltungseinrichtungen omnipräsent und stellt auch Kommunen wie die Stadt Rosenheim vor die Herausforderung, auch zukünftig bei zu erwartendem Fachkräftemangel das vielfältige Aufgabenspektrum durch kompetente und motivierte Mitarbeiter mit hoher Qualität und dienstleistungsorientiert wahrnehmen zu können. Darüber hinaus prägen zusätzlich auch technisch-ökonomische und gesellschaftliche Trends die zukünftige Personalpolitik einer Kommune.[3] Um gegen diesen allgemeinen Arbeitsmarkttrend gewappnet zu sein, gilt es für die Stadt Rosenheim, zukünftig als möglichst attraktive Arbeitgeberin aufzutreten.

Die Verdienstmöglichkeiten nach TVöD und BayBesG, an die die Stadt Rosenheim gebunden ist, sind hierfür wenig geeignet. Würden Leistungsträger ihre Arbeitgeberwahl nämlich ausschließlich nach den Verdienstmöglichkeiten ausrichten, bräuchten Kommunen, insbesondere bezogen auf Hochschulabsolventen, erst gar nicht in den Wettbewerb eintreten. Wie Befragungen zeigten, spielen für viele Fachkräfte nicht nur monetäre Aspekte, sondern die Balance zwischen Familie/Freizeit und Beruf, Standortsicherheit und Sicherheit des Arbeitsplatzes eine immer größere Rolle. Außerdem streben viele Nachwuchskräfte nach ethischen Idealen, die eine Kommune mit ihren auf das Gemeinwohl ausgerichteten Aufgaben bieten kann.[4]

Diese Erkenntnisse zeigen, dass für die Stadt Rosenheim zukünftig gerade der Ausbau und die zielgerichtete Umsetzung einer lebensphasenorientierten

---

[1] Vgl. Neubürgerbroschüre – Informationen für Bürger und Gäste der Stadt Rosenheim 2014, S. 1 – Anlage 4.
[2] Vgl. Leitbild des Dienstleistungsunternehmen Stadt Rosenheim – Anlage 9.
[3] Vgl. Rump/Eilers: Lebensphasenorientierte Personalpolitik – Strategien, Konzepte und Praxisbeispiele zur Fachkräftesicherung, S. 5.
[4] Vgl. KGSt-Bericht Nr. 3/2010: Der demografische Wandel in Kommunalverwaltungen – Strategische Ausrichtung und Handlungsansätze des Personalmanagements, S. 29 ff.

Personalpolitik eine immer wichtigere Rolle einnehmen wird. Dies macht auch die Aussage der Oberbürgermeisterin, Frau Gabriele Bauer, im Vorwort des Entwurfs des Gleichstellungskonzepts deutlich, wonach das Ziel der Stadt Rosenheim eine lebensphasenorientierte Personalpolitik ist.[5] Hierdurch kann es ihr besser gelingen, im Wettbewerb mit der Privatwirtschaft und mit anderen Behörden motivierte und qualifizierte Fachkräfte an sich zu binden, aber auch leichter zu rekrutieren.

Weiter muss sich die Stadt Rosenheim auch dem Thema „Biografieorientierung" annehmen. Über die unmittelbare Fachkompetenz hinaus verfügen die Mitarbeiter über weitere, dem Arbeitgeber oftmals unbekannte oder unbewusste Kenntnisse und Fertigkeiten, die für das Unternehmen förderlich wären. Werden Mitarbeiter entsprechend ihrer Biografie eingesetzt, unterstützt dies deren Motivation, Arbeitsleistung und Arbeitgeberbindung. Deswegen ist die Stadt Rosenheim in Sachen Personalauswahl und -einsatz gefordert, die verschiedenen Kompetenzen der einzelnen Mitarbeiter soweit möglich zu berücksichtigen. Ebenso ist die Stadt angehalten, vor allem die Kompetenzbiografie weiter zu fördern.

Im Folgenden wird die derzeitige Gesamtsituation der lebensphasenorientierten Personalpolitik und der Biografieorientierung der Stadt Rosenheim dargestellt und analysiert. Es werden weitere Möglichkeiten hierzu aufgezeigt, wie sie ihre Attraktivität als Arbeitgeberin erhöhen und so weiterhin ein zukunftsfähiges und vorbildhaftes Dienstleistungsunternehmen bleiben kann.

---

[5] Vgl. Entwurf des Gleichstellungskonzepts der Stadtverwaltung Rosenheim mit Mädchenrealschule, Baubetriebshof und Stadtentwässerung, S. 1 – Anlage 1.

2 Lebensphasenorientierung als Erfolgsmodell

Das Leben eines jeden Menschen ist durch unterschiedliche Phasen geprägt. Diese ergeben sich sowohl im privaten wie auch im beruflichen Bereich. Im Leben eines Menschen führen Höhen und Tiefen, prägende Ereignisse und verschiedenste Erfahrungen, die zum großen Teil altersunabhängig sind, zu verschiedenen Lebensphasen. Je nach Lebensphase ergeben sich für den Menschen unterschiedliche Anforderungen, Befindlichkeiten und Bedürfnisse.[6]

Die Lebensphasen werden dem Grunde nach in folgende Gruppen eingeteilt:

- ➢ **Familiäre Lebensphasen:** z. B. Beziehung, Elternschaft, Pflege, Lebens- und Arbeitssituationen des Partners und das soziale Netzwerk.
- ➢ **Außerfamiliäre Lebensphasen:** z. B. Ehrenamt, Hobby, Krankheit, Nebentätigkeit, privat initiierte Weiterbildung, kritisches bzw. traumatisches Ereignis und Verschuldung.
- ➢ **Berufliche Lebensphasen** (Berufsphasen), die sich in Einstieg/Orientierung, Reife, Führung, Auslandserfahrung und Ausstieg gliedern.[7]

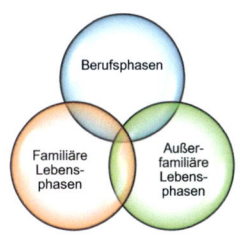

Abbildung 1: Konflikte verschiedener Lebensphasen

Wie die nebenstehende Abbildung 1 verdeutlicht, greifen die einzelnen Gruppen ineinander und stehen in gegenseitigem Konflikt. Die Herausforderungen (= Schnittmengen) der jeweiligen Person bestehen deshalb darin, das Zusammenspiel der einzelnen Phasen möglichst optimal zu vereinbaren. Der Arbeitgeber ist seinerseits gefordert, den Mitarbeiter dabei zu unterstützen. So ist beispielsweise der Arbeitsalltag für die einzelnen Mitarbeiter der Stadt Rosenheim von erhöhter Arbeitsbelastung, Termindruck und Informationsflut gekennzeichnet. Dabei wird oftmals von Vorgesetzten und Kollegen auf die individuellen familiären und außerfamiliären Lebensphasen des Mitarbeiters wenig Rücksicht genommen. Dies wäre allerdings wichtig, um die Leistungsfähigkeit und Motivation, aber auch die psychische und physische Gesundheit des Mitarbeiters dauerhaft zu erhalten. Lösungsmöglichkeiten hierzu werden nachfolgend unter Gliederungspunkt 4 ausgeführt.

---

[6] Vgl. Rump/Eilers: Lebensphasenorientierte Personalpolitik – Strategien, Konzepte und Praxisbeispiele zur Fachkräftesicherung, S. 20.
[7] Vgl. Rump/Eilers: Lebensphasenorientierte Personalpolitik – Strategien, Konzepte und Praxisbeispiele zur Fachkräftesicherung, S. 21 ff.

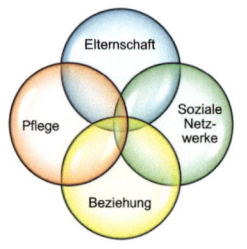

Abbildung 2: Konflikte innerhalb der
„Familiären Lebensphase"

Die Abbildung 2 veranschaulicht am Beispiel der Gruppe der „Familiären Lebensphase", dass auch innerhalb einer Gruppe bestimmte Lebensphasen kollidieren können. Diese Herausforderungen (= Schnittmengen) stellen ebenfalls eine zusätzliche Belastung für den betroffenen Mitarbeiter dar.[8]

Eine praktizierte lebensphasenorientierte und damit wertschätzende Unternehmenskultur betrachtet den Menschen nicht nur als Funktionsträger im Unternehmen, sondern als Ganzheit. Es sollen dabei seine Erfahrungen und Emotionen im Beruf sowie im Privat- und Familienleben Berücksichtigung finden.[9] Diese Unternehmensphilosophie schafft außerdem ein Gleichgewicht zwischen einer effektiven und effizienten Aufgabenerfüllung einerseits und gewährleistet die langfristige Bindung und Entwicklung von Mitarbeitern andererseits.[10]

Die Stadt Rosenheim verfolgt schon seit langem lebensphasenorientierte Gedanken und Ansätze in der Personalpolitik, weil immer deutlicher wurde und wird, dass die stringenten Vorgaben aus Tarifverträgen und Gesetzen oft genug mit der Lebens- und Arbeitswirklichkeit nicht konformierbar sind.[11]

Durch das aktuelle „Personalentwicklungskonzept Stadtverwaltung Rosenheim 2012" werden einige grundlegende Ziele der Personalentwicklung fokussiert. Die Berücksichtigung der gesamten Lebenssituation, insbesondere die Vereinbarkeit von Familie und Beruf, ist dabei als zentrales lebensphasenorientiertes Ziel der Personalentwicklung definiert worden. Die Stadt Rosenheim dokumentiert hierdurch, wie wichtig ihr eine ganzheitliche lebensphasenorientierte Personalpolitik ist. Auch im Hinblick der Mitarbeitergewinnung und -bindung ist die individuelle Lebenssituation des Mitarbeiters stets zu beachten.[12] Um diesen verschiedenen Anforderungen langfristig gerecht zu werden, sollte die Stadt Rosenheim eine individuelle, auf den Mitarbeiter zugeschnittene „Work-Life-Balance" – also

---

[8] Vgl. Rump/Eilers: Lebensphasenorientierte Personalpolitik – Strategien, Konzepte und Praxisbeispiele zur Fachkräftesicherung, S. 24.
[9] Vgl. Rump/Eilers: Lebensphasenorientierte Personalpolitik – Strategien, Konzepte und Praxisbeispiele zur Fachkräftesicherung, S. 30.
[10] Vgl. Wieliki: „Durch kleine Schritte zum Erfolg" – Personalmanagement im demografischen Wandel am Beispiel der Stadt Hamm, S. 7.
[11] Vgl. Trifellner, Bernd: Stadt Rosenheim, Sachgebietsleiter Personalservice u. -entwicklung, mündliche Auskunft, 28.12.2015.
[12] Vgl. Personalentwicklungskonzept Stadtverwaltung Rosenheim 2012, S. 6 u. 10 – Anlage 10.

die Vereinbarkeit von Berufs-, Privat- und Familienleben – schaffen.[13] Wissenschaftliche Studien konnten nämlich zeigen, dass die Identifikation durch Work-Life-Balance-Maßnahmen des Mitarbeiters mit seinem Unternehmen gesteigert werden kann. Dadurch verringert sich für die Stadt Rosenheim die daraus resultierende negative Konsequenz eines Arbeitgeberwechsels.[14]

Das zukunftsträchtige Erfolgsmodell der lebensphasenorientierten Personalpolitik sollte deshalb von der Stadt Rosenheim als modernes Dienstleistungsunternehmen weiter verfolgt und verstärkt werden.

---

[13] Vgl. Rump/Eilers: Lebensphasenorientierte Personalpolitik – Strategien, Konzepte und Praxisbeispiele zur Fachkräftesicherung, S. 16.
[14] Vgl. Kaiser/Ringlstetter: Work-Life Balance – Erfolgsversprechende Konzepte und Instrumente für Extremjobber, S. 74 u. 76.

3 Das Phänomen der Generationen

Um das Ziel einer lebensphasenorientierten Personalpolitik der Stadt Rosenheim weiter zu verfolgen und zu verstärken, muss man den unterschiedlichen Bedürfnissen, die aus den unterschiedlichen Lebensphasen resultieren, gerecht werden. Die Bedürfnisse, die primär das Ziel verfolgen, eine Entzerrung der verschiedenen Phasen zu ermöglichen, können sich beispielsweise in fachlicher Weiterbildung, Zeit für die Pflege von Angehörigen, Betreuung von Kindern, Teilzeitarbeit oder einem Sabbatical äußern. Die tatsächliche einzelfallbezogene Ausgestaltung und Umsetzung der individuellen Bedürfnisse mit den unternehmerischen Belangen muss dann in einem zweiten Schritt fokussiert werden.[15]

Unterschiedliche Generationen haben in vielerlei Hinsicht unterschiedliche Bedürfnisse. In der Sozialwissenschaft hat sich folgende Kategorisierung der Generationen etabliert:

- ➢ Generation Y,
- ➢ Generation X und die
- ➢ Baby Boomer-Generation.

In der Literatur gibt es unterschiedliche Definitionen über die genaue Jahrgangseinordnung, die jedoch für das vorliegende Buch nicht von elementarer Bedeutung sind.[16] In diesem Buch wird als Grundlage für die Alterskategorisierung der einzelnen Generationen das Werk „Arbeitgeberattraktivität aus Sicht der Generation Y" von Julia Ruthus herangezogen.

3.1 Generation Y

Als Generation Y werden im Allgemeinen die zwischen 1980 und 2000 Geborenen bezeichnet. Die heute 15 – 35-Jährigen befinden sich vorwiegend in der Berufsphase „Einstieg/Orientierung". Generationstypische Ereignisse sind dabei z. B. erstmaliger Auszug aus dem Elternhaus, das Eingehen einer Beziehung und/oder die Gründung einer Familie.[17] „Jüngeren sei die Balance zwischen Job und Freizeit oft wichtiger als die nächste Gehaltsstufe", stellt Frau Katharina

---

[15] Vgl. Kaiser/Ringlstetter: Work-Life Balance – Erfolgsversprechende Konzepte und Instrumente für Extremjobber, S. 85.

[16] Vgl. Parment: Die Generation Y – Mitarbeiter der Zukunft motivieren, integrieren, führen, S. 3.

[17] Vgl. Ruthus: Arbeitgeberattraktivität aus Sicht der Generation Y – Handlungsempfehlungen für das Human Resources Management, S. 7 f.

Heuer, Geschäftsführerin der Deutschen Gesellschaft für Personalführung in Düsseldorf, fest.[18]

Wichtige Eigenschaften der Generation Y sind eine sehr hohe Technologieaffinität, Toleranz, Lernbereitschaft sowie berufliche Flexibilität. Menschen dieser Generation sind immer weniger bereit, lange Zeit auf Weiterentwicklungsmaßnahmen zu warten oder sich deren Teilnahme durch beständige Anstrengung zu erarbeiten.[19] Außerdem möchte die Generation Y in verschiedenen Ländern, Branchen und Unternehmen arbeiten.[20]

3.2 Generation X

Der Generation X werden die zwischen 1965 und 1979 Geborenen zugeordnet. Die heute 36 – 50-Jährigen befinden sich primär in der Berufsphase „Reife" und „Führung" und haben sich in aller Regel im Beruf etabliert. Angesichts der bereits gewonnenen Lebens- und Berufserfahrung stehen Menschen der Generation X in der „Blüte ihrer Schaffenskraft". Sie erwarten weitere Karriereoptionen. Die private Lebensphase ist i. d. R. von der fordernden Elternschaft und anderen individuellen außerfamiliären Lebensphasen geprägt, welche an die Vereinbarkeit an Beruf und Familie hohe Anforderungen stellt.[21]

3.3 Baby Boomer-Generation

Zur Baby Boomer-Generation zählen die in den Jahren 1945 – 1964 Geborenen. Die Mitarbeiter >50 Jahre haben i. d. R. das berufliche „Ende der Fahnenstange" erreicht, die berufliche Entwicklung stagniert. Weiteres einschneidendes Merkmal ist der „Ausstieg" aus dem Berufsleben. Führungskräfte in den Unternehmen gehören überwiegend dieser Generation an, was die später aufgeführte Abbildung 4 bestätigt. Die Baby Boomer verfügen über viel Erfahrung und Wissen. Altersbedingt nimmt die allgemeine Leistungsfähigkeit und Belastbarkeit ab. Das Risiko erhöhter Arbeitsunfähigkeiten durch Krankheit nimmt zu. Auch die psychisch und physisch belastende Lebenslage der Pflege eines Angehörigen wird zunehmend wahrscheinlich. Es besteht der verstärkte Wunsch nach Teilzeitmo-

---

[18] http://www.manager-magazin.de/unternehmen/artikel/sabbatical-so-macht-karriere-richtig-spass-a-1070249.html, 05.01.2016.

[19] Vgl. Ruthus: Arbeitgeberattraktivität aus Sicht der Generation Y – Handlungsempfehlungen für das Human Resources Management, S. 7 u. 12.

[20] Vgl. Parment: Die Generation Y – Mitarbeiter der Zukunft motivieren, integrieren, führen, S. 13.

[21] Vgl. Ruthus: Arbeitgeberattraktivität aus Sicht der Generation Y – Handlungsempfehlungen für das Human Resources Management, S. 7.

dellen mit geringerer Arbeitsbelastung, aber auch nach Modellen, die ein vorzei-
tiges Ausscheiden aus dem Arbeitsleben ermöglichen.[22]

Viele Baby Boomer treten in den kommenden Jahren in den Ruhestand und
werden überwiegend durch Arbeitnehmer aus der Generation Y ersetzt.[23]
Arbeitgeber stehen deshalb vor der Herausforderung, das Phänomen des
plötzlichen Generationenwechsels zu bewältigen.

3.4 Generationenstruktur des Verwaltungspersonals der Stadt Rosenheim

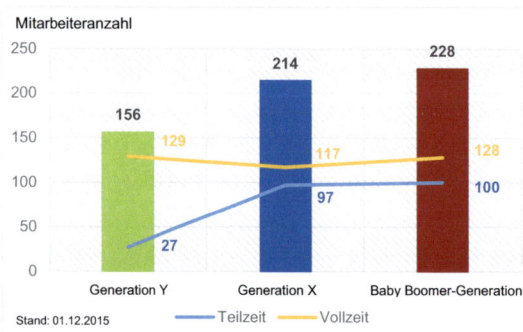

*Abbildung 3: Generationenstruktur des Verwaltungspersonals
der Stadt Rosenheim*

Die Abbildung 3 be-
stätigt, dass auch
die Stadt Rosenheim
in naher Zukunft
vor der Herausforde-
rung des Generatio-
nenwechsels steht.
Wie die nebenste-
hende Grafik weiter
zeigt, lassen sich
derzeit 156 Mitarbei-
ter (= 26,09 % der Belegschaft) der Stadt Rosenheim der Generation Y zuord-
nen. Dabei ist die geringe Teilzeitquote von 17,31 % auffallend. Die Teilzeitantei-
le der Generation X mit 45,33 % und der Baby Boomer mit 43,86 % sind fast
gleich hoch und liegen weit über dem der Generation Y.

Die Generation X umfasst insgesamt 214 Mitarbeiter (= 35,78 % der Beleg-
schaft), also 58 Mitarbeiter mehr als die Generation Y. Mit beachtlichen 228
Mitarbeitern (= 38,13 % der Belegschaft) weisen die Baby Boomer die meisten
Mitarbeiter auf. Allein 79 Mitarbeiter sind ≥60 Jahre und werden in den nächsten
Jahren altersbedingt in Rente bzw. in den Ruhestand eintreten.

So steht die Stadt Rosenheim unter anderem vor der Herausforderung, die
freiwerdenden Stellen mit qualifiziertem Personal zu besetzen, aber auch dem
hohen Wissensverlust entgegenzuwirken. Das „Personalentwicklungskonzept der
Stadtverwaltung Rosenheim 2012" sieht vor, dass die Personalplanung rechtzei-

---

[22] Vgl. Ruthus: Arbeitgeberattraktivität aus Sicht der Generation Y – Handlungsempfehlungen für
das Human Resources Management, S. 7.
[23] Vgl. Parment: Die Generation Y – Mitarbeiter der Zukunft motivieren, integrieren, führen, S. 12.

tig und angemessen auf die demografische Entwicklung unserer Gesellschaft, die Altersstruktur der Verwaltung und die Entwicklungen auf dem Ausbildungs- wie auf dem Arbeitsmarkt reagiert.[24] So sollte auch die Einführung eines struktu- rierten Wissensmanagements auf den Weg gebracht werden.

Weitere wichtige Zukunftsaufgabe für die Stadt Rosenheim ist, den unterschiedli- chen Bedürfnissen aller Generationen möglichst gerecht zu werden. Ein wichtiger Faktor ist dabei eine lebensphasenorientierte Personalentwicklung, in der individuelle Motive und Ziele des Mitarbeiters erkannt werden. Außerdem müssen unterschiedliche Anforderungen und Vorstellungen der Mitarbeiter im Hinblick auf das generationenspezifische Berufs- und Privatleben in der Perso- nalpolitik der Stadt Rosenheim Berücksichtigung finden.[25]

Im Folgenden werden wichtige Möglichkeiten einer lebensphasenorientierten Personalpolitik, die bisherige Praxis der Stadt Rosenheim und deren künftige Gestaltungsmöglichkeiten aufgezeigt. Weiter werden hierzu die für die Stadt Rosenheim wichtigsten einschlägigen tarif- und beamtenrechtlichen Regelungen dargestellt.

---

[24] Vgl. Personalentwicklungskonzept Stadtverwaltung Rosenheim 2012, S. 11 – Anlage 10.
[25] Vgl. Rump/Eilers: Lebensphasenorientierte Personalpolitik – Strategien, Konzepte und Praxisbeispiele zur Fachkräftesicherung, S. 199.

4 Vereinbarkeit von Lebens- und Berufsphasen

Um die Stadt Rosenheim als zukunftsfähige attraktive Arbeitgeberin zu etablieren, sind die individuellen Lebens- und Berufsphasen eines Mitarbeiters bestmöglich zu vereinbaren. Mitarbeiterbefragungen bei der Bundesagentur für Arbeit zeigten dabei beispielsweise, dass für 96 % aller Befragten flexible Arbeitszeiten in Verbindung mit flexiblen Pausenzeiten (46 %) und flexibler Arbeitsorganisation/Besprechungsmanagement (41 %) eine wichtige Rolle für die Vereinbarkeit zwischen den einzelnen Phasen darstellen. Telearbeit sowie weitere Formen des mobilen Arbeitens werden ebenfalls präferiert.[26] Auch nach allgemeiner Ansicht von Personalleitern wurden als wichtigste Säulen einer Work-Life-Balance-Strategie flexible Arbeitszeiten wie Teilzeitarbeit, Lebensarbeitszeitkonten sowie Kinderbetreuung und Gesundheitsförderung genannt.[27] Im Folgenden werden nun wichtige Maßnahmen zur Vereinbarung von Lebens- und Berufsphasen für die Stadt Rosenheim aufgezeigt.

4.1 Flexible Arbeitszeitmodelle

In allen Lebensphasen, für alle Generationen sind flexible Arbeitszeitmodelle herausragende Instrumente zur Vereinbarung von Beruf und persönlichen Interessenslagen. Flexible Arbeitszeitmodelle sind der Klassiker der lebensphasenorientierten Personalpolitik und werden gerade im öffentlichen Dienst seit Jahrzehnten in unterschiedlicher Ausprägung erfolgreich praktiziert. Bereits eingeführte, vielfältige flexible Arbeitszeitmodelle stellen auch für die Stadt Rosenheim einen wesentlichen Attraktivitätsfaktor dar. Aufgrund des demografischen Wandels bedarf es aber auch künftig verstärkt einer an den Lebensphasen der Mitarbeiter orientierten Arbeitszeitgestaltung.[28]

Es besteht eine Fülle gesetzlicher wie tarifrechtlicher Ansprüche für Arbeitnehmer wie Beamte. Nachfolgend werden wichtige Möglichkeiten der flexiblen Arbeitszeitmodelle vorgestellt.

---

[26] Vgl. Rump/Eilers: Lebensphasenorientierte Personalpolitik – Strategien, Konzepte und Praxisbeispiele zur Fachkräftesicherung, S. 242.
[27] Vgl. Kaiser/Ringlstetter: Work-Life Balance – Erfolgversprechende Konzepte und Instrumente für Extremjobber, S. 202.
[28] Vgl. Weisel: Handlungsoption für ein kommunales Arbeitszeitmanagement – Flexibilität von Arbeitszeit und Arbeitsort als Instrument eines zukunftsfähigen Personalmanagements, S. 9.

4.1.1 Gleitzeit

Die Gleitzeit ist wegen der zeitlichen Flexibilität des Mitarbeiters ein wichtiger und bewährter Baustein einer lebensphasenorientierten Personalpolitik. Während die Gleitzeit für die Arbeitnehmer im TVöD nicht als solche definiert ist, haben gem. § 7 Abs. 1 AzV Beamte die tägliche Arbeitszeit im Rahmen der gleitenden Arbeitszeit abzuleisten. Sie können Beginn und Ende der täglichen Arbeitszeit in den festgelegten Grenzen grds. selbst bestimmen und an den persönlichen Bedürfnissen anpassen (vgl. Abschnitt 11 Nr. 1.1.2 Satz 1 VV-BeamtR).

Auch bei der Stadt Rosenheim ist Gleitzeit seit Mitte der 1970er-Jahre selbstverständlich. Dabei praktiziert sie eine für Arbeitnehmer und Beamte einheitliche, sehr fortschrittliche und weitreichende Gleitzeitregelung. So existieren z. B. grds. keine Kernzeiten, in der sich eine Anwesenheitspflicht für die Mitarbeiter ergibt. Den Mitarbeitern werden so weitreichende Möglichkeiten der individuellen täglichen Arbeitszeitgestaltung innerhalb der Rahmenarbeitszeit von 06:30 Uhr – 18:30 Uhr (Freitag bis 15:00 Uhr) eingeräumt. Dabei regelt jede Organisationseinheit ihre Ansprechzeiten publikums-, aufgaben- und bedarfsorientiert.[29]

4.1.2 Teilzeit

Die regelmäßige Wochenarbeitszeit bei der Stadt Rosenheim beträgt ausschließlich der Pausen

> ➢ für die Beschäftigten durchschnittlich 39 Stunden (§ 6 Abs. 1 Satz 1 Buchst. b TVöD),
> ➢ für die Beamten durchschnittlich 40 Stunden (§ 2 Abs. 1 Satz 1 AzV).

Teilzeit liegt dann vor, wenn die regelmäßige Wochenarbeitszeit kürzer ist als die eines vergleichbaren vollzeitbeschäftigten Arbeitnehmers (vgl. § 2 Abs. 1 Satz 1 TzBfG).

Die rechtlichen Rahmenbedingungen für eine Teilzeitgewährung für Beschäftigte richten sich nach dem TzBfG und dem TVöD. Dabei existiert aus beiden Rechtsquellen ein eigener Anspruch auf eine Teilzeitgewährung. Gem. § 6 TzBfG hat der Arbeitgeber Teilzeitarbeit nach Maßgabe des TzBfG zu ermöglichen. Nach § 8 Abs. 4 TzBfG hat der Arbeitgeber der Verringerung der Arbeitszeit zuzustimmen und ihre Verteilung entsprechend den Wünschen des Arbeitnehmers festzulegen, soweit betriebliche Gründe nicht entgegenstehen.

---

[29] Vgl. Dienstvereinbarung über die Arbeitszeit der Stadt Rosenheim, Nrn. 3 u. 5 – Anlage 3.

Über das TzBfG hinaus stärkt der TVöD die Lebensphase der Betreuung oder Pflege von Kindern unter 18 Jahren und nach ärztlichem Gutachten pflegebedürftigen sonstigen Angehörigen. Nach § 11 Abs. 1 TVöD soll in diesen Fällen mit Beschäftigten eine geringere als die vertraglich festgelegte Arbeitszeit, jeweils auf bis zu fünf Jahre befristet, vereinbart werden. Eine Ablehnung ist im Vergleich zum TzBfG nur bei dringenden dienstlichen bzw. betrieblichen Gründen möglich. Sie müssen sich als zwingende Hindernisse für die beantragte Verkürzung der Arbeitszeit und deren Verteilung darstellen. Dies wäre beispielsweise anzunehmen, wenn der Arbeitgeber bei einer Teilung eines Arbeitsplatzes erfolglos versucht, für die restliche Arbeitszeit eine Teilzeitkraft zu suchen.[30] Bei der Gestaltung der Arbeitszeit hat der Arbeitgeber im Hinblick auf eine lebensphasenorientierte Personalpolitik der besonderen persönlichen Situation des Beschäftigten im Rahmen der dienstlichen bzw. betrieblichen Möglichkeiten Rechnung zu tragen (vgl. § 11 Abs. 1 Satz 4 TVöD).

Auch im <u>Beamtenrecht</u> existieren, wenn zwingende dienstliche Belange nicht entgegenstehen, lebensphasenorientierte Teilzeitmöglichkeiten. Im Rahmen der sog. Antragsteilzeit (Art. 88 BayBG) soll Beamten die Arbeitszeit auf die Hälfte der regelmäßigen Arbeitszeit (für Arbeitnehmer gibt es keine gesetzliche Vorgabe einer Mindestarbeitszeit) und bis zur jeweils beantragten Dauer ermäßigt werden. Bei Änderung der Lebensumstände soll eine genehmigte Teilzeit im Umfang geändert oder aufgehoben (= Vollzeitbeschäftigung) werden (Art. 88 Abs. 3 Satz 2 BayBG).

Auch das Beamtenrecht räumt der familienpolitischen Teilzeit eine besondere Priorität ein. So ist Beamten zur tatsächlichen Betreuung oder Pflege von mindestens einem Kind unter 18 Jahren oder einem nach ärztlichen Gutachten pflegebedürftigen sonstigen Angehörigen Teilzeitbeschäftigung in einem Umfang von mindestens durchschnittlich wöchentlich acht Stunden (während der Elternzeit auch mit weniger als wöchentlich acht Stunden) zu gewähren (Art. 89 Abs. 1 BayBG).

Bei der Stadt Rosenheim werden derzeit ca. 250 individuelle, auf den Mitarbeiter zugeschnittene Teilzeitmodelle praktiziert.[31] Dabei wendet sie die dargestellten rechtlichen Grundlagen großzügig im Sinne einer lebensphasenorientierten Personalpolitik an.

---

[30] TVöD Kommentar-Breier/Dessau/Kiefer/Lang/Langenbrinck, § 11 TVöD, Rdnrn. 28 u. 31.
[31] Vgl. Entwurf des Gleichstellungskonzepts der Stadtverwaltung Rosenheim mit Mädchenrealschule, Baubetriebshof und Stadtentwässerung, S. 1 – Anlage 1.

Im Zusammenhang mit Arbeitszeitreduzierung einer Vollzeitkraft kann sich das Modell des **Jobsharings** anbieten. Jobsharing ist die Besetzung eines Vollzeit-arbeitsplatzes mit zwei oder mehreren Teilzeitarbeitskräften, wobei diese gemeinsam für die Erfüllung der Arbeitsaufgabe verantwortlich sind und sich gegenseitig vertreten.[32] Jobsharing ist bei der Stadt Rosenheim eingeführt. Dieses Modell ist bevorzugt im Bereich der Geschäftszimmer und weniger in der Sachbearbeitung vorhanden.[33] Bei entsprechenden Stellenausschreibungen wird, auch bei Sachbearbeiterstellen, Jobsharing angeboten.

4.1.3 Berufsausbildung in Teilzeit

„Die Vereinbarkeit von Beruf und Privatleben beginnt bereits mit der Ausbil-dung."[34] Bewerber, die ein Kind oder einen pflegebedürftigen Angehörigen betreuen, dürfen deshalb keine schlechteren Berufseinstiegschancen haben als andere Bewerber. Gleiches gilt auch für Menschen mit einer Behinderung.[35] Um den Spagat zwischen Ausbildung und privaten Verpflichtungen zu schaffen, bietet sich eine Teilzeitberufsausbildung an.

Die Verkürzung der täglichen oder wöchentlichen Ausbildungszeit während der praktischen Ausbildung ist bei berechtigtem Interesse im Ausbildungsberuf VFA-K rechtlich möglich (§ 8 Abs. 1 Satz 2 BBiG). Die theoretische Ausbildung in der Berufsschule und der BVS erfolgt dabei im vollzeitlichen Umfang.[36]

Während der Ausbildung für Beamtenanwärter der 2. QE nVD und des dualen Studiums für die 3. QE nVD ist Teilzeit nach den derzeit geltenden beamten-rechtlichen Regelungen nicht möglich, da Beamtenanwärter keine Dienstbezüge im Sinne des Art. 2 Abs. 1 Nrn. 1 – 5 BayBesG erhalten und somit die Tatbe-standsmäßigkeit des Art. 88 Abs. 1 BayBG (Antragsteilzeit) nicht erfüllt ist.

Die Stadt Rosenheim rekrutiert seit dem Jahr 2011 jedes Jahr konstant vier Verwaltungsfachangestellte und jeweils zwei Beamtenanwärter der QE 2 nVD und QE 3 nVD. Eine Teilzeitausbildung für Verwaltungsfachangestellte wurde mangels entsprechender Bewerbungen bisher nicht durchgeführt. Die Stadt

---

[32] Vgl. http://www.wirtschaftslexikon24.com/d/job-sharing/job-sharing.htm, 08.01.2016.
[33] Vgl. Entwurf des Gleichstellungskonzepts der Stadtverwaltung Rosenheim mit Mädchenreal-schule, Baubetriebshof und Stadtentwässerung, S. 31 – Anlage 1.
[34] Weisel: Handlungsoption für ein kommunales Arbeitszeitmanagement – Flexibilität von Arbeitszeit und Arbeitsort als Instrument eines zukunftsfähigen Personalmanagements, S. 30.
[35] Vgl. https://www.arbeitsagentur.de/web/content/DE/Unternehmen/Ausbildung/Ausbildungsformen/AusbildunginTeilzeit/index.htm, 04.01.2016.
[36] Vgl. Reuter, Claudia: Referentin Geschäftsbereich Ausbildung BVS, Zuständigkeitsbereich VFA-K (Prüfung), mündliche Auskunft, 04.01.2016.

Rosenheim hat sich eingehend mit diesem Thema befasst und steht dieser Möglichkeit offen gegenüber.[37]

Aufgrund des Vorbildcharakters sollte die Stadt Rosenheim im Hinblick auf die Wahrung der Chancengleichheit gegenüber Menschen mit privaten Herausforderungen die Teilzeitausbildung fördern und diese auch werbewirksam nach außen tragen (z. B. auf Werbeflyern, Stellenausschreibungen, im Internetauftritt und auch auf Informationsveranstaltungen).

4.1.4 Führung in Teilzeit

Führung in Teilzeit ist in der freien Wirtschaft, aber auch im öffentlichen Dienst noch deutlich unterrepräsentiert. Laut Entwurf des Gleichstellungskonzepts der Stadt Rosenheim stößt „Führung in Teilzeit in der öffentlichen Verwaltung, die im Rahmen des Dienstleistungsgedankens auf eine Präsenzkultur ausgerichtet ist, auf organisatorische Probleme. Die in der Verwaltung vorhandenen Beispiele zeigen, dass Führungsarbeit in Teilzeit grundsätzlich möglich und akzeptiert ist. Zur Stärkung dieses Führungsmodells muss immer auch die Frage geklärt werden, ob und wie Verantwortung geteilt und die organisatorische Flexibilität hergestellt werden kann.“[38]

Weiter fehlt es häufig sowohl von Seiten der Unternehmen wie auch der nachgeordneten Mitarbeiter am nötigen Verständnis für Führung in Teilzeit. Dies erschwert Führungskräften die Vereinbarkeit von Familie und Beruf. So stellt die KGSt fest: „In der Rushhour des Lebens (bis ca. 40 Jahre) ist die Elternrolle besonders zeitintensiv, während zugleich berufliche Weichen gestellt werden müssen. Um die berufliche Weiterentwicklung nicht zugunsten der privaten Pflichten einzuschränken, sollten vermehrt Führungsfunktionen in Teilzeit vergeben werden.“[39]

Dies sieht auch der Bundesgesetzgeber so. Deshalb verpflichtet er in § 6 TzBfG den Arbeitgeber explizit, auch Arbeitnehmern in leitender Position Teilzeitarbeit nach Maßgabe des TzBfG zu ermöglichen. Im Übrigen gelten auch für Arbeitnehmer und Beamte in Führungspositionen die unter Gliederungspunkt 4.1.2 dargestellten tarif-/beamtenrechtlichen Regelungen.

---

[37] Vgl. Trifellner, Bernd: Stadt Rosenheim, Sachgebietsleiter Personalservice u. -entwicklung, mündliche Auskunft, 20.01.2016.

[38] Entwurf des Gleichstellungskonzepts der Stadtverwaltung Rosenheim mit Mädchenrealschule, Baubetriebshof und Stadtentwässerung, S. 16 – Anlage 1.

[39] Weisel: Handlungsoption für ein kommunales Arbeitszeitmanagement – Flexibilität von Arbeitszeit und Arbeitsort als Instrument eines zukunftsfähigen Personalmanagements, S. 31.

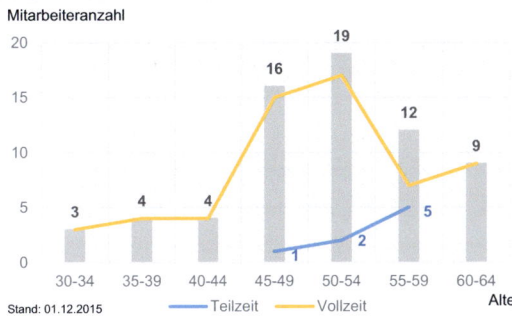

Wie die nebenstehende Statistik zeigt, sind von insgesamt 67 Führungskräften der Stadt Rosenheim lediglich acht in Teilzeit. Außerdem erkennt man einen massiven Anstieg der Führungskräfte ab dem Alter von 45

Abbildung 4: Altersstruktur der Führungskräfte der Stadt Rosenheim

Jahren. Inwieweit der Grund hierfür darin liegt, dass jüngere Mitarbeiter wegen der herausfordernden Lebensphase der Elternschaft (oder einer beruflichen Weiterbildung) keine Führungsposition anstreben, müsste in einer Mitarbeiterbefragung erhoben werden.

Weiter ist festzustellen, dass in den nächsten zehn Jahren insgesamt 21 Führungskräfte altersbedingt in Rente bzw. in den Ruhestand treten. Um geeignete Mitarbeiter mit Familie und vor allem auch Frauen für Führungspositionen zu gewinnen, wird die Stadt Rosenheim vor dem Hintergrund der Lebensphasenorientierung Führungspositionen in Teilzeit aktiv fördern müssen. Um die Führung in Teilzeit weiter attraktiv zu gestalten, ist ein konzeptionelles Handeln erforderlich. So könnten z. B. die Aufgaben einer Vollzeitführungsstelle in eine Führungsstelle (Personalführung u. Organisation eines Amtes) und eine „Hauptsachbearbeiterstelle" geteilt werden.

4.1.5 Altersteilzeit

Die Altersteilzeit bietet die Möglichkeit, in der letzten Berufsphase in Teilzeit arbeiten oder das Berufsleben vor regulärem Renten- oder Ruhestandseintritt beenden zu können. Die durchschnittliche wöchentliche Arbeitszeit beträgt dabei bei Arbeitnehmern 50 v. H., bei Beamten 60 v. H. der bisherigen wöchentlichen Arbeitszeit (§ 6 Abs. 2 Satz 1 TV FlexAZ, Art. 91 Abs. 1 Satz 1 BayBG). Die zu leistende Arbeitszeit kann durchgehend (Teilzeitmodell) oder in der ersten Hälfte der Altersteilzeit (Blockmodell) erbracht werden (§ 6 Abs. 3 TV FlexAZ, Art. 91 Abs. 2 Satz 1 BayBG).

Für Beschäftigte (ab Vollendung des 60. Lebensjahrs) besteht ein Anspruch auf ein Altersteilzeitverhältnis nur, wenn und solange weniger als 2,5 % der Beschäftigten der Verwaltung von einer Altersteilzeitregelung im Sinne des Altersteilzeitgesetzes Gebrauch machen (§ 4 Abs. 2 TV FlexAZ). Wird die Quote überschritten, steht es dem Arbeitgeber aber frei, trotzdem Altersteilzeitverträge abzuschließen.

Nach Art. 91 Abs. 1 Satz 1 BayBG kann Beamten, die das 60. Lebensjahr (Schwerbehinderte ab dem 58. Lebensjahr) vollendet haben, Altersteilzeit bewilligt werden, wenn dringende dienstliche Belange (werden nur in Ausnahmefällen vorliegen) nicht entgegenstehen.

Aktuell befinden sich ein Beamter und drei Arbeitnehmer in einem Altersteilzeitverhältnis bei der Stadt Rosenheim. Dabei wurde bei den Arbeitnehmern die oben dargelegte Quote im Jahr 2015 erstmals unterschritten, wodurch für diese derzeit ein Anspruch auf Altersteilzeit besteht.

4.1.6 Flexible Altersarbeitszeit (FALTER)

Mitarbeiter im Rentenalter werden immer vitaler. So wird die Zahl derer, die auch über den regulären Renteneintritt hinaus noch gerne am Berufsleben teilhaben und ihre Erfahrungen weiterhin im Unternehmen einbringen wollen, künftig größer werden.

Für kommunale Arbeitnehmer schafft § 13 TV FlexAZ mit dem Modell der flexiblen Altersteilzeit hierzu die Möglichkeit. Danach können diese per Vereinbarung mit der Kommune (kein Rechtsanspruch) auch nach dem für sie maßgeblichen Renteneintrittsalter noch bis zu zwei Jahre tätig sein.

Sie können über einen Zeitraum von vier Jahren ihre Arbeitszeit auf die Hälfte der bisherigen Arbeitszeit reduzieren und neben dem Teilzeitentgelt eine Teilrente i. H. v. höchstens 50 % der jeweiligen Altersrente beziehen. Die reduzierte Arbeitsphase beginnt zwei Jahre vor Erreichen des Kalendermonats, für den der Beschäftigte eine abschlagsfreie Altersrente in Anspruch nehmen kann.

Ein adäquates Modell im Beamtenrecht ist derzeit nicht gegeben. Art. 63 Abs. 1 BayBG lässt ein Hinausschieben des Ruhestandseintritts nur zu, wenn zwingende dienstliche Rücksichten im Einzelfall die Fortführung der Dienstgeschäfte durch einen bestimmten Beamten erfordern.

Bisher gab es noch keinen Antrag eines Mitarbeiters der Stadt Rosenheim für das Modell der flexiblen Altersarbeitszeit. Vor dem Hintergrund einer aktiven lebensphasenorientierten Personalpolitik könnte die Stadt Rosenheim das FALTER-Modell durch gezielte Information der Arbeitnehmer fördern.

4.1.7 Sabbatical

Die repräsentative Forsa-Umfrage für die Krankenkasse DAK zeigt, dass im Jahr 2016 62 % der Deutschen mehr für ein stressfreies Leben tun wollen.[40] Mitarbeiter wünschen sich vermehrt eine Auszeit (Sabbatical), da ihnen zu wenig Urlaub für längerfristige Reisen oder die Durchführung privater Projekte (z. B. Hausbau) zur Verfügung steht. „Das Sabbatical (auch als Sabbatjahr bezeichnet) ist eine besondere Form der flexiblen Arbeitszeitgestaltung, die aus einer Arbeitsphase und einer Freizeitphase besteht."[41] Vorteil der Modelle wäre für den Mitarbeiter, dass er weiterhin ein Gehalt erhält und sozial- bzw. beihilfeversichert bleibt. Für die Arbeitnehmer bietet sich hier das Lebensarbeitszeitkonto (§ 10 TVöD), für Beamte das Teilzeitmodell nach Art. 88 Abs. 4 BayBG und das freiwillige Ansparmodell (Art. 87 Abs. 4 BayBG) an.

4.1.7.1 Lebensarbeitszeitkonto

Gem. § 10 Abs. 1 u. 2 TVöD kann durch Betriebs-/Dienstvereinbarung ein (Lebens-)Arbeitszeitkonto in der ganzen Verwaltung oder Teilen davon eingerichtet werden. Bei Lebensarbeitszeitkonten geht es regelmäßig um das Ansparen von Zeitguthaben, um den Arbeitnehmern eine spätere Freistellung von der Arbeitsleistung bzw. einen zeitweiligen Ausstieg aus dem Berufsleben zu ermöglichen. [42] In der Privatwirtschaft dient dieses auch zum betriebsbedingten Ausgleich (z. B. bei Auftragsmangel).[43]

Falls keine Betriebs-/Dienstvereinbarung getroffen ist, kann gem. § 10 Abs. 6 TVöD mit einzelnen Arbeitnehmern unter Beteiligung des Personalrates ein Lebensarbeitszeitkonto vereinbart werden.

Nach § 7b SGB IV ist sowohl bei Abschluss einer Dienstvereinbarung wie einer Einzelvereinbarung mit dem jeweiligen Arbeitnehmer eine schriftliche Wertguthabenvereinbarung abzuschließen. Das Wertguthaben darf gem. § 7c SGB IV zunächst nur für die Elternzeit, Pflegezeit, für Zeiten unmittelbar vor der Alters-

---

[40] Vgl. http://www.dak.de/dak/bundes-themen/Gute_Vorsaetze-1740654.html, 05.01.2016.
[41] http://www.anwalt24.de/rund-ums-recht/Sabbatical-d280023.html, 05.01.2016.
[42] Vgl. TVöD Kommentar-Breier/Dessau/Kiefer/Lang/Langenbrinck, § 10 TVöD, Rdnr. 8.
[43] Vgl. Hummel/Knebel/Wagner/Zander: Neuere Entwicklungen in ausgewählten Bereichen der Personalpolitik, in: Hochschulschriften zum Personalwesen, S. 29.

rente oder für Zeiten von beruflichen Qualifizierungsmaßnahmen verwendet werden. Allerdings können Arbeitnehmer und Arbeitgeber im Sinne der Lebensphasenorientierung auch eine Freistellung aus anderen Gründen vereinbaren. So kann z. B. ein Sabbatical für eine mehrmonatige Weltreise oder den Hausbau verwendet werden.[44]

Die Stadt Rosenheim hat bisher noch kein Lebensarbeitszeitkonto vereinbart.

4.1.7.2 Teilzeitmodell nach Art. 88 Abs. 4 BayBG

Die zentrale Rechtsgrundlage für ein Sabbatical für Beamte ist in Art. 88 Abs. 4 BayBG normiert. Anträge können nur abgelehnt werden, wenn zwingende dienstliche Gründe entgegenstehen. Diese liegen vor, wenn schwerwiegende Nachteile für die Verwaltung drohen, z. B. wenn die Funktionsfähigkeit der Verwaltung nicht mehr aufrechtzuerhalten wäre.[45]

So wäre es beispielsweise denkbar, dass ein Beamter für insgesamt zehn Jahre einen Antrag auf eine Teilzeitbeschäftigung i. H. v. 50 % stellt und zunächst fünf Jahre die regelmäßige Arbeitszeit (vgl. § 2 Abs. 1 Satz 1 AzV) in vollem Umfang erbringt. Anschließend wird er für weitere fünf Jahre völlig vom Dienst freigestellt. Der Beamte bleibt so statusrechtlich während der gesamten Dauer des Bewilligungszeitraumes im Status eines Teilzeitbeamten. Er erhält in diesem Beispiel zehn Jahre lang die anteilige Besoldung sowie die anderen entsprechenden Leistungen des Dienstherrn. Art. 88 Abs. 4 BayBG schafft für den Beamten auch weitere flexible Gestaltungsmöglichkeiten. So kann der Beamte im oben genannten Beispiel in der ersten Hälfte seine Arbeitsleistung mit 75 % und die der zweiten Hälfte mit 25 % der regelmäßigen Arbeitszeit erbringen.[46]

Bisher gab es noch keinen Antrag eines Mitarbeiters der Stadt Rosenheim für das Teilzeitmodell „Sabbatical" nach Art. 88 Abs. 4 BayBG.

4.1.7.3 Freiwilliges Ansparmodell

Die Einrichtung eines Lebensarbeitszeitkontos ist im bayerischen Beamtenrecht nicht vorgesehen. Allerdings eröffnet Art. 87 Abs. 4 BayBG die Möglichkeit des sog. freiwilligen Ansparmodells, nämlich der „ungleichmäßigen Verteilung der Arbeitszeit" auf Antrag des Beamten. Dieses soll einen Zeitraum von 10 Jahren

---

[44] Vgl. TVöD Kommentar-Breier/Dessau/Kiefer/Lang/Langenbrinck, § 10 TVöD, Rdnrn. 36 ff.
[45] Vgl. Beamtenrecht in Bayern Kommentar-Baßlsperger, Art. 89 BayBG, Rdnr. 25.
[46] Vgl. Beamtenrecht in Bayern Kommentar-Baßlsperger, Art. 88 BayBG, Rdnrn. 46 f.

nicht übersteigen (Art. 87 Abs. 4 Satz 2 i. V. m. Abs. 3 Satz 3 BayBG). „Eine Bewilligung kann nicht erfolgen, wenn zwingende dienstliche Belange entgegenstehen. Dies ist insbesondere der Fall, wenn kein zusätzlicher Personalbedarf besteht."[47] Somit kommt das freiwillige Ansparmodell nur bei einem zusätzlichen Personalbedarf in Frage.

Bei der Stadt Rosenheim wurde das freiwillige Ansparmodell bisher nicht praktiziert.

4.2 Beurlaubung

Im Rahmen einer lebensphasenorientierten Personalpolitik kommt der Möglichkeit von Beurlaubungen unter Wegfall des Entgeltes bzw. der Bezüge ebenfalls eine große Bedeutung zu.

4.2.1 Familienbedingte Beurlaubung

Gem. § 28 TVöD können Arbeitnehmer bei Vorliegen eines wichtigen Grundes Sonderurlaub erhalten. Die Annahme eines wichtigen Grundes richtet sich nach dem konkreten Einzelfall und ist beispielsweise grds. bei der Kinderbetreuung oder der Angehörigenpflege zu bejahen.[48]

Für Beamte ist in Art. 89 BayBG die familienpolitische Beurlaubung explizit geregelt. Demnach ist Beamten auf Antrag, wenn zwingende dienstliche Belange nicht entgegenstehen, zur tatsächlichen Betreuung oder Pflege von mindestens einem Kind unter 18 Jahren oder einem nach ärztlichen Gutachten pflegebedürftigen sonstigen Angehörigen Urlaub ohne Dienstbezüge zu gewähren (Art. 89 Abs. 1 Nr. 1 BayBG).

Zusammenfassend besteht bei Beamten also ein weitreichender Anspruch (= strenges Recht) auf eine familienpolitische Beurlaubung. Allerdings darf gem. Art. 92 Abs. 1 BayBG die Dauer von familien- und arbeitsmarktpolitischen Beurlaubungen insgesamt 15 Jahre nicht überschreiten. Wenngleich § 28 TVöD nur eine Kann-Bestimmung ist, ist die Genehmigung einer familienbedingten Beurlaubung auch für Beschäftigte in der Praxis selbstverständlich. Eine zeitliche

---

[47] Beamtenrecht in Bayern Kommentar-Conrad, Art. 87 BayBG, Rdnr. 83.
[48] Vgl. TVöD Kommentar-Breier/Dessau/Kiefer/Lang/Langenbrinck, § 28 TVöD, Rdnrn. 18 ff.

Höchstgrenze, wie im Beamtenrecht, gibt es dabei nicht. Jedoch sollte die Beurlaubung nur befristet gewährt werden.[49]

Allerdings erschwert das Urteil des BAG vom 06.05.2014 dem Arbeitgeber die Genehmigung von Sonderurlauben für Tarifbeschäftigte, da danach gesetzliche Urlaubsansprüche trotz Ruhen des Arbeitsverhältnisses entstehen und nicht gekürzt werden dürfen.[50] Deshalb sollte die Stadt Rosenheim mit dem Arbeitnehmer ggf. für die Dauer des beantragten Sonderurlaubs einen Aufhebungsvertrag mit Wiedereinstellungsvereinbarung schließen.[51]

Die Stadt Rosenheim hat bisher allen Anträgen auf familienbedingter Beurlaubung entsprochen. Derzeit befinden sich insgesamt 13 Mitarbeiter in familienbedingter Beurlaubung.

4.2.2 Außerfamiliäre Beurlaubung

Die Zahl der Mitarbeiter, insbesondere der heutigen Generation Y, wird zunehmen, die ihr Arbeitsleben durch Auszeiten für längere Auslandsaufenthalte, Aus- und Fortbildungen, Hausbau etc. unterbrechen wollen.[52]

Für die Arbeitnehmer richtet sich auch für diese Fälle die Beurlaubung nach § 28 TVöD, es muss danach also ein wichtiger Grund vorliegen. Ein Aus- und Fortbildungsinteresse kann grds. ein solcher sein. Außerfamiliäre Lebensphasen, wie z. B. die Durchführung einer Weltreise, stellen grds. keinen wichtigen Grund dar. Will der Arbeitgeber dem Arbeitnehmer eine lange Reise dennoch einräumen, um dem Image eines attraktiven Arbeitgebers gerecht zu werden, so ist dies wegen des billigen Rechts möglich.[53] Das unter Gliederungspunkt 4.2.1 dargelegte BAG-Urteil gilt auch hier.

Für Beamte ist für außerfamiliäre Beurlaubungen § 18 UrlV maßgeblich. Danach kann Sonderurlaub bei einem wichtigen Grund und wenn dienstliche Gründe nicht entgegenstehen bewilligt werden, allerdings nur bis zur Dauer von sechs Monaten (in besonders begründeten Fällen auch länger).

Derzeit nehmen insgesamt zwei Mitarbeiter der Stadt Rosenheim eine solche außerfamiliäre Beurlaubung in Anspruch. Im Sinne einer lebensphasenorientier-

---

[49] Vgl. TVöD Kommentar-Breier/Dessau/Kiefer/Lang/Langenbrinck, § 28 TVöD, Rdnr. 168.
[50] Vgl. BAG Urteil vom 06.05.2014, Az. 9 AZR 678/12 – Gesetzlicher Urlaubsanspruch nach unbezahltem Sonderurlaub.
[51] Vgl. TVöD Kommentar-Breier/Dessau/Kiefer/Lang/Langenbrinck, § 28 TVöD, Rdnr. 123.
[52] Vgl. Parment: Die Generation Y – Mitarbeiter der Zukunft motivieren, integrieren, führen, S. 11 f.
[53] Vgl. TVöD Kommentar-Breier/Dessau/Kiefer/Lang/Langenbrinck, § 28 TVöD, Rdnrn. 103, 104, 116 u. 117.

ten Personalpolitik sollte die Stadt Rosenheim bei Anträgen auf außerfamiliäre Beurlaubungen ihr Ermessen großzügig ausüben.

4.3 Elternzeit

Gerade die Geburt und anschließende Betreuung des Kindes ist für Eltern eine große Herausforderung, den Anforderungen von Beruf und Familie gerecht zu werden. Hier bieten aber die weitreichenden Rechte der Eltern wie u. a. der Anspruch auf drei Jahre Elternzeit je Kind und Elternteil Abhilfe. Für die Arbeitnehmer ist näheres in §§ 15 ff. BEEG geregelt. Die inhaltlich gleiche Rechtsgrundlage für den Anspruch auf Gewährung von Elternzeit ist für die Beamten in Art. 99 Abs. 1 Satz 1 Nr. 2 BayBG i. V. m. §§ 12 ff. UrlV normiert. Auf Grund der klaren Rechtslage und der grds. unproblematischen Umsetzung des Rechts der Mitarbeiter auf Elternzeit wird auf eine nähere rechtliche Betrachtung verzichtet.

Derzeit nehmen 70 Mitarbeiter der Stadt Rosenheim die Möglichkeit der Elternzeit in Anspruch, davon zwei Mitarbeiter Partnermonate nach § 4 Abs. 4 BEEG.

4.4 Freiwillige Maßnahmen der Kinderbetreuung

Berufstätige Eltern stehen immer wieder vor dem Problem der dauernden oder kurzfristigen Betreuung ihrer Kinder. Eltern haben beispielsweise i. d. R. weniger Erholungsurlaubanspruch als Kinder Ferien haben.

Um die berufstätigen Eltern zu unterstützen könnte es seitens des Arbeitgebers sinnvoll sein, eigene Kinderbetreuungsplätze einzurichten bzw. zur Verfügung zu stellen. Die Stadt München bietet beispielsweise ihren Mitarbeitern Betreuungsplätze in einem der drei Betriebskindergärten an.[54] Seit Herbst 2013 reserviert auch die Stadt Rosenheim insgesamt sechs Krippenplätze für Kinder ihrer Mitarbeiter, sodass an Betriebskindergärten bis dato kein Bedarf besteht.[55]

Bei einem Betreuungsengpass sollte es im Ausnahmefall möglich sein, Kinder an den Arbeitsplatz mitzunehmen. Bei der Stadt München ist dies kein Problem, was der Personal- und Organisationsreferent der Stadt München, Herr Dr. Thomas Böhle, mit folgenden Worten konstatiert: "Prinzipiell ist es bei der Stadt

---

[54] Vgl. http://www.muenchen.de/rathaus/Stadtverwaltung/Personal-und-Organisationsreferat/Presseservice/2014/pm-2014-vereinbarkeit.html, 05.01.2016.
[55] Vgl. Entwurf des Gleichstellungskonzepts der Stadtverwaltung Rosenheim mit Mädchenrealschule, Baubetriebshof und Stadtentwässerung, S. 31 u. 34 – Anlage 1.

jederzeit möglich, sein Kind bei Betreuungsengpässen mit an den Arbeitsplatz zu bringen".[56]

Das Landratsamt Freising bietet für drei Wochen im August eine <u>Ferienbetreuung</u> von Mitarbeiterkindern an.[57] Die Stadt Rosenheim informiert ihrerseits über Betreuungsangebote durch andere Institutionen (z. B. Stadtjugendring Rosenheim).[58]

Ein <u>Eltern-Kind-Büro</u> ist bei der Stadt Rosenheim nicht existent und wird auch nicht als sinnvolle lebensphasenorientierte Maßnahme eingeschätzt, da Eltern mit ihren Kindern arbeiten müssten.[59]

Die Stadt Rosenheim hat wenig Parkraum, sodass auch die Einführung von sog. <u>Elternparkplätzen</u> von den betroffenen Mitarbeitern als sehr wichtig eingestuft wird. „Eltern wird ein Parkplatz zugesprochen, wenn sie morgens ihre kleinen Kinder versorgen und erst nach 8 Uhr in der Stadt ankommen."[60]

4.5 Pflegezeit

Auf Grund der fortschreitenden Alterung unserer Gesellschaft rückt das Thema Pflege immer mehr in den Fokus. Laut Bundesfamilienministerium gibt es bereits heute in Deutschland ca. 2,5 Mio. Pflegebedürftige, knapp die Hälfte wird durch Angehörige zuhause versorgt.[61] Die Pflege und Betreuung von Pflegebedürftigen führt dabei gerade für Berufstätige zu einer starken zusätzlichen Belastung. Dies erkannte auch der Bundesgesetzgeber und sorgte für die Arbeitnehmer mit dem PflegeZG und dem FPfZG zu einer Verbesserung der Vereinbarung von Beruf und familiärer Pflege.

> „Beschäftigte haben nach dem <u>Pflegezeitgesetz</u> zum einen die Möglichkeit, im Rahmen der kurzzeitigen Arbeitsverhinderung bis zu zehn Arbeitstage der Arbeit fernzubleiben, um für einen pflegebedürftigen nahen Angehörigen in einer akut aufgetretenen Pflegesituation eine bedarfsgerechte Pflege sicherzustellen. Für die Dauer der kurzzeitigen Arbeitsverhinderung wird seit dem 1. Januar 2015 eine Lohnersatzleistung – das Pflegeunterstützungsgeld – gewährt.

---

[56] http://www.muenchen.de/rathaus/Stadtverwaltung/Personal-und-Organisationsreferat/Presseservice/2014/pm-2014-vereinbarkeit.html, 05.01.2016.

[57] Vgl. Bayerischer Landkreistag (Hrsg.): Leitfaden für ein demografieorientiertes Personalmanagement in den Landratsämtern, S. 13.

[58] Vgl. Entwurf des Gleichstellungskonzepts der Stadtverwaltung Rosenheim mit Mädchenrealschule, Baubetriebshof und Stadtentwässerung, S. 32 – Anlage 1.

[59] Vgl. Entwurf des Gleichstellungskonzepts der Stadtverwaltung Rosenheim mit Mädchenrealschule, Baubetriebshof und Stadtentwässerung, S. 34 – Anlage 1.

[60] Entwurf des Gleichstellungskonzepts der Stadtverwaltung Rosenheim mit Mädchenrealschule, Baubetriebshof und Stadtentwässerung, S. 32 – Anlage 1.

[61] Vgl. http://www.bmfsfj.de/RedaktionBMFSFJ/Abteilung3/Pdf-Anlagen/daten-zum-demografischen-wandel-praesentation,property=pdf,bereich=bmfsfj,sprache=de,rwb=true.pdf, 05.01.2016, S. 14.

Außerdem besteht ein Anspruch auf eine vollständige oder teilweise Freistellung von bis zu sechs Monaten für die Pflege eines pflegebedürftigen
nahen Angehörigen in häuslicher Umgebung. Ein Rechtsanspruch auf vollständige oder teilweise Freistellung besteht auch für die Betreuung minderjähriger pflegebedürftiger naher Angehöriger zu Hause oder in außerhäuslicher Umgebung (bis zu sechs Monate) und für die Begleitung in der letzten
Lebensphase (bis zu drei Monate).
Mit dem FPfZG haben Beschäftigte die Möglichkeit, Angehörige zu pflegen
und daneben weiterhin erwerbstätig zu bleiben. Sie haben einen Rechtsanspruch auf eine teilweise Freistellung für die Pflege eines pflegebedürftigen
nahen Angehörigen in häuslicher Umgebung für bis zu zwei Jahre bei einer
wöchentlichen Mindestarbeitszeit von 15 Stunden. Der Anspruch auf teilweise Freistellung kann auch für die Betreuung minderjähriger pflegebedürftiger
naher Angehöriger zu Hause oder in außerhäuslicher Umgebung geltend
gemacht werden.
Während der Freistellungen nach Pflegezeit- und Familienpflegezeitgesetz
besteht ein Anspruch auf finanzielle Förderung durch ein zinsloses Darlehen
zur besseren Absicherung des Lebensunterhalts."[62]

Zur Betreuung oder Pflege von einem nach ärztlichem Gutachten pflegebedürfti-
gen sonstigen Angehörigen ist Beamten unter den Voraussetzungen des Art. 89
Abs. 1 Nr. 1 BayBG Teilzeitbeschäftigung (siehe Gliederungspunkt 4.1.2) oder
Urlaub ohne Dienstbezüge (siehe Gliederungspunkt 4.2.1) zu gewähren. Für die
Dauer von zwei Jahren auch dann, wenn die bisherige Höchstbeurlaubungsdau-
er von 15 Jahren bereits ausgeschöpft ist (Art. 92 Abs. 1 Satz 2 BayBG). Zudem
besteht bei einer akut auftretenden Pflegesituation gem. § 16 Abs. 4 UrlV die
Möglichkeit von bis zu neun Tagen Dienstbefreiung unter Fortgewährung der
Leistungen des Dienstherrn. Bisher gab es noch keine Anträge auf Pflegezeiten
der Mitarbeiter der Stadt Rosenheim.

4.6 Betriebliches Gesundheitsmanagement

Das BGM ist eine elementare Säule der lebensphasenorientierten Personalpolitik
eines Unternehmens.[63] Es umfasst alle Maßnahmen, die die individuelle Gesundheit der Beschäftigten ebenso fördern wie die Arbeitsorganisation, die
Arbeitsumgebung und die Arbeitsprozesse („Gesunde" Organisation). Es steigert
die Attraktivität der Kommune als Arbeitgeber, die Arbeitszufriedenheit und die
Qualität der Leistungen.[64]
Für Maßnahmen des BGM lassen sich rechtliche Handlungsbedarfe u. a. aus
§ 84 Abs. 2 SGB IX, ArbSchG, ASiG, ArbStättV und der dienst-/arbeitsrechtlichen

---

[62] http://www.bmfsfj.de/BMFSFJ/Aeltere-Menschen/hilfe-und-pflege.html, 05.01.2016.
[63] Vgl. Rump/Eilers: Lebensphasenorientierte Personalpolitik – Strategien, Konzepte und
Praxisbeispiele zur Fachkräftesicherung, S. 3.
[64] Vgl. KGSt-Bericht Nr. 1/2005: Betriebliches Gesundheitsmanagement als Führungsaufgabe,
S. 3 u. 11.

Fürsorgepflicht ableiten. Die KGSt empfiehlt, dass das Konzept „Betriebliches Gesundheitsmanagement" einschließlich der strategischen Ziele und Prioritäten schriftlich festgelegt werden sollten. Ob hierzu ein schriftliches Konzept oder eine Dienstvereinbarung hilfreich bzw. notwendig ist, muss jedes Unternehmen für sich auf der Basis ihrer örtlichen Gegebenheiten entscheiden.[65] Die Stadt Rosenheim hat eine Dienstvereinbarung zum Thema „Sicherheit und Gesundheitsschutz" mit Wirkung vom 01.07.2010 verabschiedet. Die Themenfelder „Betriebsklima" und „Wertschätzung" haben für die Stadt Rosenheim außerdem einen hohen Stellenwert, da sich dies positiv auf die Leistungsfähigkeit und Motivation der Mitarbeiter auswirkt und die psychische Gesundheit unterstützt.[66]

Auch im Ideenspeicher des „Personalentwicklungskonzepts der Stadtverwaltung Rosenheim 2012" spielt für die kommenden Jahre die betriebliche Gesundheitsförderung eine wichtige Rolle. Dabei werden verschiedenste Ansätze wie beispielsweise der Erhalt und der Ausbau psychologischer Beratung, der Aufbau eines Gesundheitsmanagements, eine betriebliche Gesundheitsförderung, altersgerechtes Arbeiten, Gesundheitsvorsorge über die Einführung eines Gesundheitszirkels, Einführung einer Krankenstandsanalyse, Förderung einer gesundheitsbewussten Ernährung und die Gestattung eines Kostenzuschusses für Gesundheits- und Wellnessangebote verfolgt.[67]

Das BGM befindet sich aktuell im Aufbau bei der Stadt Rosenheim. Ziel ist eine Kooperation mit den Krankenkassen, welche bereits gute Angebote bereitstellen. Der Baubetriebshof der Stadt Rosenheim geht hier mit gutem Beispiel voran. Im Jahr 2015 fand in Zusammenarbeit mit der AOK ein Gesundheitstag statt. Des Weiteren wird dort seit einigen Monaten regelmäßig Obst angeboten (Stichwort: „Gesunde Ernährung"). Außerdem betätigen sich viele Mitarbeiter in den Pausen mit Gymnastikübungen, die vorher mit fachkundigen Coaches entwickelt wurden. Nach Auskunft der Baubetriebshofleitung sind seitdem die Krankentage spürbar zurückgegangen. Allerdings liegen hier noch keine offiziellen Statistiken vor. Von der AOK wurde der Bauhof hier als Vorzeigebetrieb mit einem Preis i. H. v. 2.000 Euro ausgezeichnet. Dieses Geld wird wieder in die Gesundheit der Mitarbeiter investiert.

Im Rahmen der freiwilligen präventiven Gesundheitsförderung praktiziert die Stadt Rosenheim krankheitsvermeidende und gesundheitsfördernde Maßnahmen wie z. B. Wassergymnastik, Zumba, Feldenkrais, Nordic-Walking, Pilates,

---

[65] Vgl. KGSt-Bericht Nr. 1/2005: Betriebliches Gesundheitsmanagement als Führungsaufgabe, S. 23.
[66] Vgl. Personalentwicklungskonzept Stadtverwaltung Rosenheim 2012, S. 9 u. 11 – Anlage 10.
[67] Vgl. Personalentwicklungskonzept Stadtverwaltung Rosenheim 2012, S. 30 – Anlage 10.

Meditation, Yoga, Fitnessgymnastik und Fußball. Während der Mittagspausen werden des Weiteren die Programme „Balance your Body" und „Qi Gong" angeboten.[68]

Für Arbeitssicherheit und Gesundheitsschutz stehen wie gesetzlich gefordert Betriebsarzt (§§ 2 ff. ASiG, § 11 ArbSchG), Fachkraft für Arbeitssicherheit (§ 5 ASiG), Sicherheitsbeauftragte (§ 22 SGB VII und DGUV Vorschrift 1) und Arbeitsschutzausschuss (§ 11 ASiG) zur Verfügung.

Die Stadt Rosenheim praktiziert ein aktives betriebliches Eingliederungsmanagement, das in der DV BEM geregelt ist. Sie hat für die Umsetzung des BEM eine eigene neutrale Stelle eingerichtet und eine BEM-Beauftragte bestellt. In der DV BEM sind folgende wichtige Maßnahmen vorgesehen:

> ➢ Fürsorgliche und präventive Maßnahmen nach § 3 DV BEM.
> ➢ Führungskräfte führen gem. § 4 DV BEM mit den Mitarbeitern gesundheitsförderliche Gespräche (Informations-, Fürsorge-, Fehlzeiten-, und ggf. BEM-Gespräche).
> ➢ Verfahrensregeln zur konkreten Umsetzung des BEM nach § 84 Abs. 2 SGB IX (§ 5 DV BEM).[69]

4.7 Alternierende Telearbeit

Die Stadt Rosenheim bietet seit 01.09.2011 per DV-TELEA alternierende Telearbeit an. „Telearbeit nach dieser Dienstvereinbarung ist die in Absprache mit der Dienststelle teilweise an der betrieblichen und teilweise an der häuslichen Arbeitsstätte zu leistende Arbeit (alternierende Telearbeit), welche durch Informationstechnik unterstützt wird" (Nr. 1.1 Satz 1 DV-TELEA). Vorteile für den Mitarbeiter sind u. a. eine bessere Vereinbarung von Familie und Beruf, Kosten- und Zeitersparnisse für Fahrtwege zur Dienststelle.[70] Es besteht aber kein Rechtsanspruch, da der Arbeitsplatz für die Telearbeit geeignet sein muss (vgl. Nrn. 1.5 u. 3 DV-TELEA). Aktuell nehmen insgesamt 12 Mitarbeiter der Stadt Rosenheim diese genehmigungspflichtige Telearbeit in Anspruch.

Auch in akuten Notsituationen sollte eine unbürokratische Telearbeitsmöglichkeit den Mitarbeitern eingeräumt werden. So können herausfordernde Lebensphasen

---

[68] Vgl. Metzger, Bernd: Stadt Rosenheim, Örtlicher Personalrat-Vorsitzender, mündliche Auskunft, 22.01.2016.
[69] Dienstvereinbarung über das Betriebliche Eingliederungsmanagement bei der Stadt Rosenheim (DV BEM), S. 2 ff. – Anlage 6.
[70] Vgl. Weisel: Handlungsoption für ein kommunales Arbeitszeitmanagement – Flexibilität von Arbeitszeit und Arbeitsort als Instrument eines zukunftsfähigen Personalmanagements, S. 13.

wie die Erkrankung des Kindes oder die akute plötzliche Pflege eines Angehörigen besser vereinbart werden.[71] Auch die Stadt Rosenheim gewährt ihren Mitarbeitern bei einer Notfallsituation, die eine schnelle Entscheidung verlangt, eine solche kurzfristige Telearbeitsmöglichkeit (vgl. Nr. 14 DV-TELEA). Sie kann weiter durch die offensive Förderung der Telearbeitsmöglichkeiten die Vereinbarung der Lebensphasen der Mitarbeiter unterstützen.

4.8 Ortsnahe Weiterbildungsangebote

Hinsichtlich einer lebensphasenorientierten Personalentwicklung ist es wichtig, Aus- und Fortbildungsangebote in der Nähe von Wohn- und Arbeitsort zu platzieren.[72] Es entfallen weite Anfahrtswege und auch evtl. Übernachtungen in Bildungseinrichtungen, sodass Verpflichtungen der Elternschaft oder Pflegezeiten zeitlich flexibel besser vereinbart werden können.

Dies hat auch die Stadt Rosenheim erkannt und explizit im Personalentwicklungskonzept integriert.[73] Seit dem Jahr 2002 bietet die Stadt Rosenheim sog. „Vor-Ort-Seminare" für ihre Mitarbeiter an, die ortsnah in Rosenheim stattfinden. Das Gesamtangebot von ca. 10 – 15 Seminaren pro Jahr im überfachlichen Bereich findet dabei bei den Mitarbeitern guten bis sehr guten Anklang. Seit zwei Jahren ist ein leichter Rückgang der Teilnehmerzahl festzustellen. Als Grund dafür ist anzunehmen, dass viele Mitarbeiter an ihrer persönlichen Leistungsgrenze angelangt sind und sich für diese wichtigen überfachlichen Themengebiete keine Zeit nehmen können.[74] Darüber hinaus werden auch inaktive Mitarbeiter, die sich beispielsweise in einer Beurlaubung befinden, über die stattfindenden Seminare informiert und können an diesen teilnehmen.[75]

Um dieses Angebot an Vor-Ort-Seminaren weiter auszubauen, wäre eine Kooperation mit dem Landratsamt Rosenheim und/oder umliegenden Kommunen zu überlegen. Dadurch könnten das Seminarangebot erweitert und anfallende Seminarkosten durch die Beteiligungen reduziert werden. Außerdem ist der damit verbundene Erfahrungsaustausch mit anderen Kommunen für alle Beteiligten förderlich.

---

[71] Vgl. http://www.muenchen.de/rathaus/Stadtverwaltung/Personal-und-
Organisationsreferat/Presseservice/2014/pm-2014-vereinbarkeit.html, 05.01.2016.
[72] Vgl. Rump/Eilers: Lebensphasenorientierte Personalpolitik - Strategien, Konzepte und Praxisbeispiele zur Fachkräftesicherung, S. 43.
[73] Vgl. Personalentwicklungskonzept Stadtverwaltung Rosenheim 2012, S. 13 – Anlage 10.
[74] Vgl. Trifellner, Bernd: Stadt Rosenheim, Sachgebietsleiter Personalservice u. -entwicklung, mündliche Auskunft, 28.12.2015.
[75] Vgl. Entwurf des Gleichstellungskonzepts der Stadtverwaltung Rosenheim mit Mädchenrealschule, Baubetriebshof und Stadtentwässerung, S. 30 – Anlage 1.

Das Angebot an E-Learning-Seminaren wird in Zukunft weiter zunehmen. Durch diese Fortbildungsmöglichkeit können Mitarbeiter am Arbeitsplatz online an Seminaren teilnehmen. Dies bietet gerade für Mitarbeiter mit familiären Verpflichtungen (z. B. Alleinerziehende) einfachere Möglichkeiten zur Teilnahme an Fortbildungen.

Im Jahr 2009 wurde zusätzlich eine „BVSregional" der BVS in Rosenheim eingerichtet. In dieser Bildungseinrichtung werden ortsnah direkt im Rosenheimer Stadtzentrum Ausbildungsmöglichkeiten für Tarifbeschäftigte in Form des AL I und II angeboten.[76]

Mit Renten-/Ruhestandseintritt dezimieren sich soziale Kontakte im Kollegenkreis und der gewohnte strukturierte Tagesablauf kann ins Wanken geraten.[77] Um die Mitarbeiter auf den oftmals abrupten Beginn der Berufsphase „Ausstieg" zu unterstützen könnte die Stadt Rosenheim regelmäßig Seminare zum Thema „Vorbereitung in den Ruhestand" anbieten.

---

[76] Vgl. http://www.bvs.de/bildungszentren/bvsregional/rosenheim, 05.01.2016.
[77] Vgl. Fehlau: 30 Minuten Erfolgsfaktor 50+, S. 80 f.

5 Problematiken der lebensphasenorientierten Personalpolitik

So positiv die lebensphasenorientierte Personalpolitik für die Begünstigten ist, kann sie bei deren Kollegen und für den Arbeitgeber auch zu negativen Auswirkungen führen, wozu nachfolgend einige Beispiele angeführt werden. Kollegen müssen wegen einer genehmigten Teilzeit oder Beurlaubung zumindest zeitweise eine zusätzliche erhöhte Arbeitsbelastung auffangen (z. B. bis Stelle wieder voll besetzt ist, Einarbeitung neuer Kollegen). Die begehrten Partnermonate (Elternzeit), die eine zweimonatige Abwesenheit des Mitarbeiters zur Folge haben, führen ebenfalls zu einer zusätzlichen Arbeitsbelastung der Kollegen, da hier i. d. R. kein Personalersatz erfolgt. Die Gewährung von alternierender Telearbeit kann bei den Kollegen zu Unverständnis und Neid (Konfliktpotential) führen, da sie beispielsweise tägliche Fahrtkosten und -zeiten zum/vom Unternehmen zu tragen haben sowie der unmittelbaren Aufsicht der Vorgesetzten unterstehen.[78]

Durch die individuellen lebensphasenorientierten Maßnahmen entstehen für das Personalamt und die jeweils betroffenen Organisationseinheiten ein erhöhter Arbeits- und Organisationsaufwand, der zusätzlich zum fordernden Tagesgeschäft bewältigt werden muss. Die Stadt Rosenheim ist als Arbeitgeberin deshalb gefordert, für ihre lebensphasenorientierte Personalpolitik in der Belegschaft aktiv für Verständnis zu sorgen und Aufklärungsarbeit zu leisten. Auch Mitarbeitern, die in der aktuellen Situation unter der Gewährung einer lebensphasenorientierten Maßnahme eines Kollegen zurückstecken müssen, sollte bewusst sein, dass sie in Zukunft selbst von diesen Maßnahmen profitieren könnten.

Ebenso sind seitens der Stadt Rosenheim die für die Lebensphasenorientierung notwendigen finanziellen und personelleren Ressourcen offensiv zur Verfügung zu stellen. So sollten z. B. bei Beurlaubungen oder Teilzeitgenehmigungen zur Entlastung des Stammpersonals die notwendigen Ersatzkräfte möglichst frühzeitig eingestellt werden.

---

[78] Vgl. Weisel: Handlungsoption für ein kommunales Arbeitszeitmanagement – Flexibilität von Arbeitszeit und Arbeitsort als Instrument eines zukunftsfähigen Personalmanagements, S. 13.

6 Biografieorientierung im Kontext der beruflichen Laufbahn

Laut Duden ist die Biografie die Lebensgeschichte einer Person.[79] Diese ist ganzheitlich und beinhaltet auch die individuelle Bildungs- und Berufsbiografie. Die Biografie eines Menschen entwickelt sich laufend fort. So natürlich auch die berufliche Biografie, zu der u. a. berufliche/r Werdegang, Entwicklung, Erfahrungen und praktisches Wissen zählen, wie auch die fachliche, soziale, personale und methodische Weiterbildung.[80] Hier kann der Arbeitgeber die berufliche Biografie aktiv und gezielt fördern.

Die Biografieorientierung und -förderung des einzelnen Mitarbeiters ist im Rahmen der Personalentwicklung eine wichtige und sinnvolle Aufgabe eines Arbeitgebers. Ziel der Biografieorientierung ist es, Mitarbeiter an das Unternehmen zu binden, ihre Loyalität zu steigern und ihre Leistung zu erhöhen.[81] Hier bieten sich dem Arbeitgeber verschiedene Maßnahmen in den Bereichen Personalauswahl und Personalentwicklung an, die nachfolgend mit Blick auf die Stadt Rosenheim dargestellt werden.

6.1 Personalauswahl

Die Stadt Rosenheim setzt geeignete Mitarbeiter bedarfsgerecht am richtigen Arbeitsplatz ein.[82] Gerade bei Stellenbesetzungsverfahren ermöglicht bei der Prüfung der Eignung die Einbeziehung der Biografien der Bewerber, diesem Leitsatz zu entsprechen. So dokumentieren z. B. ehrenamtliche Tätigkeiten als Vorstand eines Vereins, Elternbeiratsvorsitzender etc. Führungseigenschaften, die so bei der Besetzung von Führungspositionen mit einbezogen werden.[83]

Allerdings setzen das Arbeitsrecht und das LlbG der Biografieorientierung bei Stellenbesetzungsverfahren Grenzen. So können z. B. im Beamtenbereich nach Art. 16 Abs. 1 Satz 4 LlbG Grundlagen für die Entscheidung des Dienstherrn dienstliche Beurteilungen und wissenschaftlich fundierte Auswahlverfahren, wie insbesondere systematisierte Personalauswahlgespräche, strukturierte Interviews oder Assessment-Center sein. Herausforderung für die Stadt Rosenheim

---

[79] Vgl. http://www.duden.de/rechtschreibung/Biografie, 08.01.2016.
[80] Vgl. Wien/Franzke: Systematische Personalentwicklung – 18 Strategien zur Implementierung eines erfolgreichen Personalentwicklungskonzepts, S. 52.
[81] Vgl. Ritz/Thom (Hrsg.): Talent Management – Talente identifizieren, Kompetenzen entwickeln, Leistungsträger erhalten, S. 139.
[82] Vgl. Personalentwicklungskonzept Stadtverwaltung Rosenheim 2012, S. 11 – Anlage 10.
[83] Vgl. Personalentwicklungskonzept Stadtverwaltung Rosenheim 2012, S. 32 – Anlage 10.

wird hierzu sein, einen geeigneten Mix aus dienstlicher Beurteilung, die bei Bewerbungen von Beamten im Auswahlverfahren immer mit zu berücksichtigen ist (Art. 16 Abs. 1 Satz 5 LlbG), und eines wissenschaftlich fundierten Auswahlverfahrens zu finden, in dem die Biografieorientierung entsprechende Berücksichtigung findet.

6.2 Förderung der Kompetenzbiografie

Durch gesellschaftliche, demografische und ökonomische Faktoren gewinnt die Förderung der Kompetenzbiografie der einzelnen Mitarbeiter immer mehr an Bedeutung.[84] In der Personalentwicklung unterscheidet man dem Grunde nach vier unterschiedliche Kompetenzen (Abb. 5):[85]

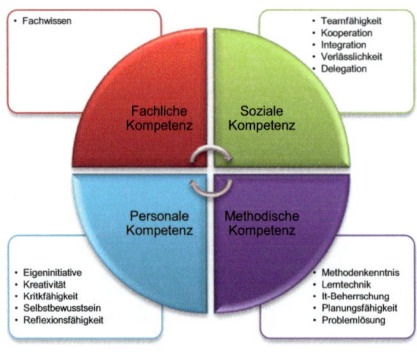

Abbildung 5: Übersicht Kompetenzen

Um die nebenstehenden Kompetenzen der einzelnen Mitarbeiter der Stadt Rosenheim zu fördern ist es sinnvoll, bereits praktizierte und bewährte Weiterbildungsmaßnahmen und Führungskräfteschulungen fortzuführen und ggf. zu erweitern. So wird dem Ziel des lebenslangen Lernens Rechnung getragen.[86] Die Förderung der Kompetenzbiografie spielt somit auch für die Personalentwicklung der Stadt Rosenheim eine große Rolle. Hier sind insbesondere die Führungskräfte gefordert, gemeinsam mit dem Mitarbeiter und in Abstimmung mit dem Personalamt gezielt Maßnahmen zur Erweiterung der Kompetenzbiografie zu entwickeln.

Die folgenden Punkte zeigen, wie die Stadt Rosenheim positiv auf die Kompetenzentwicklung der Mitarbeiter hinwirkt bzw. hinwirken kann.

---

[84] Vgl. Ritz/Thom (Hrsg.): Talent Management – Talente identifizieren, Kompetenzen entwickeln, Leistungsträger erhalten, S. 138.
[85] Vgl. Wien/Franzke: Systematische Personalentwicklung - 18 Strategien zur Implementierung eines erfolgreichen Personalentwicklungskonzepts, S. 52.
[86] Vgl. Personalentwicklungskonzept Stadtverwaltung Rosenheim 2012, S. 9 – Anlage 10.

6.2.1 Aus- und Fortbildungsmöglichkeiten

Weiterqualifizierungsmaßnahmen in Form von Aus- und Fortbildungen sind bei der Stadt Rosenheim, wie auch unter Gliederungspunkt 4.8 dargestellt, wichtige Elemente der Personalpolitik. Im Folgenden werden bereits praktizierte Personalentwicklungsmaßnahmen der Stadt Rosenheim dargelegt und Möglichkeiten zukünftiger Erweiterungen aufgezeigt.

6.2.1.1 Ausbildungsangebot für Mitarbeiter

Im Hinblick der Biografieorientierung kann auch die Erweiterung des Ausbildungsportfolios für die Stadt Rosenheim interessant sein.

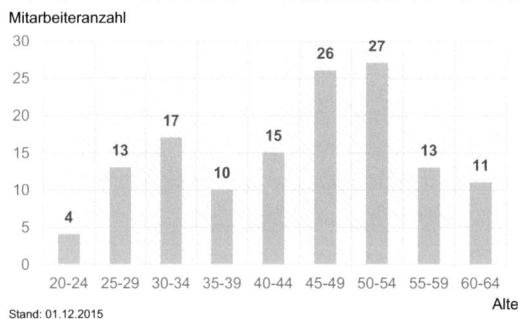

Stand: 01.12.2015

Abbildung 6: Altersstruktur der Mitarbeiter der Entgeltgruppen E9-E12 / Bes.Gr. A9-A13

Die nebenstehende Abbildung 6 zeigt die Altersstruktur der Mitarbeiter der Stadt Rosenheim, die eine Stelle innehaben, für die grds. eine Befähigung der QE 3 nVD (AL II) vorausgesetzt wird. Davon scheiden in den nächsten 15 Jahren insgesamt 51 Mitarbeiter allein altersbedingt aus. Um das ausscheidende Personal adäquat ersetzen zu können, bildet die Stadt Rosenheim pro Jahrgang zwei Beamte zum Dipl.-Verwaltungswirt (FH) aus und lässt seit 2010 durchschnittlich zwei Mitarbeiter zum AL II zu. Es ist vorgesehen, für 2016 drei und 2017 sogar vier Mitarbeitern den AL II zu ermöglichen. Im Beamtenbereich wird die modulare Qualifizierung offensiv angeboten (seit 2011 drei nach QE 3 nVD, vier nach QE 4 nVD). So ist die Stadt Rosenheim auf einem guten Weg, die Kompetenzen der Mitarbeiter bedarfsorientiert zu fördern und freiwerdende Stellen adäquat zu besetzen.

Außerdem werden Mitarbeiter regelmäßig zu Verwaltungsbetriebswirten (BVS) ausgebildet. Zukünftig würde sich auch die Förderung von freiwilligen Ausbildungen, die in Zusammenhang mit der Tätigkeit des Mitarbeiters stehen, anbieten (z. B. Mediatorenausbildung für Mitarbeiter, Fremdsprachen für Ausländersachbearbeiter etc.).

Weiter könnte die Stadt Rosenheim die Kompetenzbiografie der Mitarbeiter mit geeigneten Hochschulstudien (auch Fernstudien) fördern. Die Landeshauptstadt München hat beispielsweise mit der FOM Hochschule für Ökonomie & Management München den Studiengang „Bachelor of Laws – Öffentliches Recht" und mit der Hochschule für angewandtes Management in Erding den Studiengang „Bachelor of Arts – Betriebswirtschaft mit Studienschwerpunkt Public Management" eigens konzipiert.[87]

6.2.1.2 Fortbildungsangebot

Die Stadt Rosenheim fördert traditionell die Fortbildung ihrer Mitarbeiter. Dabei werden überwiegend externe, meist fachbezogene Seminare von Fortbildungsträgern wie der BVS besucht. Weiter bietet die Stadt Rosenheim regelmäßig „Vor-Ort-Seminare", insbesondere im überfachlichen Bereich, an. Näheres ist bereits unter Gliederungspunkt 4.8 dargestellt worden.

Probleme bereitet in der Praxis häufig die Weitergabe des Fortbildungswissens durch den Lehrgangsteilnehmer an seine Kollegen. Hier sind die Führungskräfte gefordert, verstärkt auf den Informationsaustausch hinzuwirken.

6.2.2 Interkulturelle Kompetenz

Im Ideenspeicher für die kommenden Jahre wird im „Personalentwicklungskonzept der Stadtverwaltung Rosenheim 2012" auch die Thematik „Interkulturelle Kompetenz" aufgenommen.[88] Interkulturelle Kompetenz bezeichnet die soziale Kompetenz zum positiven und situationsgerechten Umgang mit Menschen unterschiedlicher Kulturen, Milieus und Lebensweisen. Um interkulturelle Kompetenz zu fördern wäre ein mögliches Ziel, mehr Auszubildende mit Migrationshintergrund und/oder interkultureller Kompetenz zu gewinnen.[89] So hat die Stadt Rosenheim das Ziel, mehr Auszubildende mit Migrationshintergrund zu gewinnen, ebenfalls im Ideenspeicher zum Personalentwicklungskonzept aufgenommen.[90] Durch eine Ermutigungsklausel in Stellenausschreibungen wie „Wir

---

[87] Vgl. http://www.muenchen.de/rathaus/Stadtverwaltung/Personal-und-Organisationsreferat/Stellen/Ausbildung-und-Studium/Ausbildung-Studieng-Blick/Bachelor-of-Laws.html, 05.01.2016 u.
http://www.muenchen.de/rathaus/Stadtverwaltung/Personal-und-Organisationsreferat/Stellen/Ausbildung-und-Studium/Ausbildung-Studieng-Blick/BA-Public-Management.html, 05.01.2016.

[88] Vgl. Personalentwicklungskonzept Stadtverwaltung Rosenheim 2012, S. 31 – Anlage 10.

[89] Vgl. KGSt-Materialien Nr. 5/2008: Interkulturelle Öffnung – In sieben Schritten zur interkulturellen Öffnung der Verwaltung, S. 9 u. 15.

[90] Vgl. Personalentwicklungskonzept Stadtverwaltung Rosenheim 2012, S. 32 – Anlage 10.

begrüßen ausdrücklich Bewerbungen von Menschen mit Migrationshintergrund" würde die Stadt Rosenheim als tolerante und fortschrittliche Arbeitgeberin auftreten.[91] Der deutschlandweite Arbeitgeberpreis „Deichmann Förderpreis für Integration", zeichnet Unternehmen aus, die sich bei der Integration von benachteiligten Jugendlichen in Beruf und Gesellschaft besonders engagieren.[92] Die Stadt Rosenheim könnte diesen Arbeitgeberpreis in Zukunft fokussieren, um die Arbeitgeberattraktivität weiter zu steigern. Die Stadt Mannheim wirbt bereits im Internetauftritt mit dem auf das Bundesland Baden-Württemberg beschränkten Arbeitgeberpreis „Vielfalt gelingt – Gute Ausbildung für junge Migrantinnen und Migranten".[93]

Interkulturelle Kompetenz soll auch in der Verwaltung gelebt werden.[94] So könnte durch die Einführung von Auslandspraktika, insbesondere mit den Partnerstädten der Stadt Rosenheim, aktiv die interkulturelle Kompetenz der Mitarbeiter gefördert werden. Ausländische Partnerstädte sind Briançon (Frankreich), Lazise (Italien) und Ichikawa (Japan).[95] Durch Auslandspraktika werden Fremdsprachenkenntnisse, Auslandserfahrung, Erfahrung im Umgang mit Menschen unterschiedlicher Herkunft, Erfahrungen in interkultureller Arbeit und evtl. auch internationale Projekterfahrung der Mitarbeiter gefördert.[96] Außerdem werden durch das Absolvieren eines Praktikums in einer der Partnerstädte die internationalen Beziehungen zwischen der Partnerstadt und der Stadt Rosenheim gestärkt.

Die Förderung von interkultureller Kompetenz ist auch im Ausbildungsbereich interessant. Dies spricht die Bedürfnisse der Generation Y an. Die Auszubildenden und Beamtenanwärter sind während ihrer Praktikumsphasen bei der Stadt Rosenheim noch nicht fest in den Arbeitsprozess eingebunden und zeitlich flexibel. Beamtenanwärtern der QE 3 nVD wird bereits ermöglicht, am Austauschprogramm mit Fachhochschulen in Europa der Fachhochschule für öffentliche Verwaltung und Rechtspflege in Bayern teilzunehmen. Auch im Hinblick unserer multikulturellen Gesellschaft und der aktuellen Flüchtlingskrise sollte die Stadt Rosenheim angesichts ihrer Vorbildfunktion eine interkulturelle Personalpolitik weiter aufgeschlossen fördern.

---

[91] Vgl. KGSt-Bericht Nr. 2/2011: Interkulturelles Personalmanagement, S. 31.
[92] http://www.deichmann-foerderpreis.de/2015/11/10/deichmann-foerderpreis-fuer-integration-aktuell-wie-nie/, 16.01.2016.
[93] https://www.mannheim.de/bildung-staerken/ausbildung-bei-stadt-mannheim, 12.01.2016 u. http://www.vielfalt-gelingt.de/index.php?id=78, 16.01.2016.
[94] Vgl. Personalentwicklungskonzept Stadtverwaltung Rosenheim 2012, S. 31 – Anlage 10.
[95] Vgl. Neubürgerbroschüre – Informationen für Bürger und Gäste der Stadt Rosenheim 2014, S. 3 – Anlage 4.
[96] Vgl. KGSt-Bericht Nr. 2/2011: Interkulturelles Personalmanagement, S. 11.

6.2.3 Hospitation als Inspiration

Hospitationen sind Arbeitsaufenthalte im In- und Ausland, in anderen Bereichen der Verwaltung, in kommunalen Unternehmen oder Unternehmen der Privatwirtschaft und in sozialen Einrichtungen. Durch die gewonnenen Erfahrungen und Erkenntnisse gewinnt die Stadt Rosenheim neue innovative Ansätze aus anderen Unternehmen, die zur Weiterentwicklung beitragen können. Es werden durch den gegenseitigen Erfahrungsaustausch der unterschiedlichen Organisationen andere Sichtweisen und Handlungsansätze den Mitarbeitern vermittelt.[97]

Die Stadt Rosenheim erkannte auch diese Personalentwicklungsmaßnahme und verankerte diese im Ideenspeicher des Personalentwicklungskonzepts. Es sollen Hospitationen und Maßnahmen zur Jobanreicherung durch Vorgesetzte und Personalamt aktiv gefördert werden.[98]

6.2.4 Nebenamtliche Lehrtätigkeit

Durch die nebenamtliche Lehrtätigkeit, die von der Stadt Rosenheim gefördert wird, werden Schlüsselkompetenzen wie Rhetorik, Sozialkompetenz und Durchsetzungsvermögen gestärkt. Mitarbeitern wird pro Kalenderjahr eine Dienstbefreiung für die nebenamtliche Lehrtätigkeit an der BVS von höchstens acht Arbeitstagen unter Fortzahlung der Vergütung bzw. des Gehalts gewährt.[99] Dieser Personalausschussbeschluss wird auch analog für andere fachnahe Bildungseinrichtungen herangezogen, um den Mitarbeitern eine Lehrtätigkeit zu ermöglichen. Dem Lehrenden werden aber auch theoretische Fachkenntnisse vermittelt, indem er sich in die aktuellen theoretischen Lehrinhalte einarbeiten muss. Derzeit üben 14 Mitarbeiter der Stadt Rosenheim eine nebenamtliche Dozententätigkeit im Fort- und Ausbildungsbereich aus.

6.2.5 Rotationskonzept

Ein Wechsel des Arbeitsplatzes (Rotation) ist für den Mitarbeiter eine besondere Möglichkeit, seine Kompetenzbiografie zu erweitern. „Vielseitige Berufserfahrung wird zunehmend ein wichtiges Auswahlkriterium bei der Übertragung höherwertiger Dienstposten sein."[100] Mit dem „Rotationskonzept 2015 der Stadtverwaltung Rosenheim" animiert die Stadt Rosenheim zum Wechsel auf andere Dienst-

---

[97] Vgl. KGSt-Bericht Nr. 8/2003: Führungsnachwuchs – auch ohne „Goldfischteich"?!, S. 46.
[98] Vgl. Personalentwicklungskonzept Stadtverwaltung Rosenheim 2012, S. 32 – Anlage 10.
[99] Vgl. Personalausschussbeschluss der Stadt Rosenheim vom 19.10.1988.
[100] Rotationskonzept 2015 der Stadtverwaltung Rosenheim, S. 1 – Anlage 11.

posten. Künftig sollen höherwertige Stellen nur vergeben werden, wenn Berufser-fahrungen in verschiedenen Fachbereichen/Dezernaten der Stadt Rosenheim nachgewiesen werden.

6.2.6 Führungskräfteentwicklungsprogramm

„Strategisches und übergeordnetes Ziel ist die nachhaltige Entwicklung von gutem Führungspersonal."[101] Eine Führungskraft muss neben fachlichen Aspek-ten insbesondere Führungs- und Interaktionsverhalten, Sozialkompetenz und eine hohe Belastbarkeit haben.[102] Zur Stärkung dieser Kompetenzen bietet die Stadt Rosenheim interessierten Führungskräften regelmäßig ein Kleingruppen-coaching an.

Für die Stadt Rosenheim ist es weiter wichtig, frühzeitig Führungspotential zu erkennen und dieses zu fördern. Dabei unterstützt die Stadt Rosenheim den Führungskräftenachwuchs mit geeigneten personalpolitischen Instrumenten.[103] Auf Grundlage dieses strategischen Zieles wird seit 2007 eine zweijährige interne Führungskräfteentwicklung praktiziert, die in insgesamt vier Module gegliedert ist. Teilnehmen können sowohl etablierte Führungskräfte wie auch Führungskräf-tenachwuchs. Ein Jahrgang umfasst dabei i. d. R. zwölf Mitarbeiter.[104]

6.3 Potenzialanalyse

Als Potenzial wird bezeichnet, „was ein Mitarbeiter über das hinaus, was er heute tut, noch leisten kann."[105] Jede Maßnahme zur Förderung der Kompetenzbiogra-fie (Personalauswahl, Kompetenzförderung) setzt idealerweise eine Analyse des Potenzials des Mitarbeiters voraus. Hierzu stehen verschiedene Möglichkeiten zur Verfügung. Eine sehr professionelle Variante ist das Potenzial-Assessment-Center. Aufgrund von Aufwand und Kosten (externe Berater erforderlich) kommt dieses wohl nur für die Findung und Entwicklung von Führungskräften in Frage. Daneben stehen auch psychologische Testverfahren und IT-gestützte Tests

[101] Personalentwicklungskonzept Stadtverwaltung Rosenheim 2012, S. 10 – Anlage 10.
[102] Vgl. Wien/Franzke: Systematische Personalentwicklung – 18 Strategien zur Implementierung eines erfolgreichen Personalentwicklungskonzepts, S. 116.
[103] Vgl. Personalentwicklungskonzept Stadtverwaltung Rosenheim 2012, S. 10 – Anlage 10.
[104] Vgl. Informationen zur Führungskräfteentwicklung der Stadt Rosenheim – Anlage 8.
[105] Rohrschneider/Friedrichs/Lorenz: Erfolgsfaktor Potenzialanalyse – Aktuelles Praxiswissen zu Methoden und Umsetzung im modernen Personalentwicklung, S. 25.

(E-Testing) zur Verfügung. Diese spielen, wie auch z. B. 360°-Beurteilung und Gleichgestelltenbeurteilung, bei kommunalen Arbeitgebern kaum eine Rolle.[106]

Die Stadt Rosenheim hat mit der Einführung des verpflichtenden Mitarbeiterjahresgesprächs einen wichtigen Grundstein für die Potenzialanalyse geschaffen. Ziel ist u. a. die Unterstützung der beruflichen Weiterentwicklung des Mitarbeiters. Idealerweise werden Kompetenzen und Potenziale des Mitarbeiters analysiert und nach Möglichkeit gezielt gefördert. Ob dies so immer in die Praxis umgesetzt wird erscheint aber fraglich, da der Nutzen solcher Gespräche oftmals unterschätzt wird und das fordernde Tagesgeschäft die ernstgemeinte Gesprächsabsicht oftmals verhindert.[107]

---

[106] Vgl. KGSt-Bericht Nr. 8/2003: Führungsnachwuchs – auch ohne „Goldfischteich"?!, S. 34.
[107] Vgl. Mitarbeiterjahresgespräch der Stadt Rosenheim – Leitfaden für das persönliche Gespräch zur gegenseitigen Rückmeldung und für Beratung, Förderung und Zielvereinbarung mit Mitarbeitern, S. 3, 6 u. Anlage 1 S. 2 – Anlage 2.

7 Ausblick

Mit der Fülle bereits offensiv praktizierter lebensphasen- und biografieorientierter Maßnahmen ist die Stadt Rosenheim auf einem sehr guten Weg. Um sich auch künftig im Wettbewerb um qualifizierte Mitarbeiter zu behaupten, muss sie das Image als attraktive und fortschrittliche Arbeitgeberin pflegen und weiterentwickeln. Um eine positive Außen- und Innenwirkung als Arbeitgeberin zu erlangen, sollten gelungene Beispiele der lebensphasen- und biografieorientierten Personalpolitik werbewirksam verbreitet werden.[108] So präsentiert sich die Stadt München in ihrem Internetauftritt als familienfreundliche Arbeitgeberin, indem eigene Mitarbeiter verschiedenster Referate als Aushängeschild der Stadtverwaltung über Ihre individuelle positive Work-Life-Balance berichten.[109] Auch weitere positive Beispiele wie die Freistellung zur nebenamtlichen Lehrtätigkeit, Förderung bestimmter Auslandsaufenthalte, Austauschprogramme mit Partnerstädten oder Hospitationen könnten hier werbewirksam publiziert werden.

Mit der Zertifizierung „audit berufundfamilie" des Bundesministeriums für Familie, Senioren, Frauen und Jugend könnte die Stadt Rosenheim ihre familienfreundliche Unternehmenskultur sowohl gegenüber den Mitarbeitern wie auch nach außen nachhaltig dokumentieren (z. B. Verwendung auf Briefköpfen, Internetauftritt, bei Stellenanzeigen, Messen).[110] In Bayern besitzen bereits die Stadtverwaltungen Aschaffenburg, Coburg, Germering und Ingolstadt dieses Audit.[111]

Schließlich sollte das Ziel der lebensphasenorientierten Personalpolitik nicht nur im „Personalentwicklungskonzept der Stadtverwaltung Rosenheim 2012", sondern auch in den „Führungsleitlinien" (unter Nr. 5) verankert werden.[112] Außerdem könnten die Module der internen Seminarreihe „Führungskräfteentwicklung" um das Thema Lebensphasenorientierung erweitert werden. Durch diese Maßnahmen werden (auch künftige) Führungskräfte auf diese wichtige und zukunftsträchtige Thematik sensibilisiert. Durch die in der vorliegenden Arbeit weiter vorgestellten Maßnahmen wird weiterhin gewährleistet, dass die bereits verfolgten personalpolitischen Ansätze, Gedanken und Ziele der Lebensphasen- und Biografieorientierung in der Stadt Rosenheim gelebt werden und diese für die Zukunft gut aufgestellt ist.

---

[108] Vgl. Rump/Eilers: Lebensphasenorientierte Personalpolitik – Strategien, Konzepte und Praxisbeispiele zur Fachkräftesicherung, S. 32 u. 44.
[109] Vgl. http://www.muenchen.de/rathaus/Stadtverwaltung/Personal-und-Organisationsreferat/Presseservice/2014/pm-2014-vereinbarkeit.html, 05.01.2016.
[110] Vgl. http://www.beruf-und-familie.de/index.php?c=21, 12.01.2016.
[111] Vgl. http://www.beruf-und-familie.de/index.php?c=46, 12.01.2016.
[112] Vgl. Führungsleitlinien – Stadtverwaltung Rosenheim, Eigenbetrieb Baubetriebshof, Eigenbetrieb Stadtentwässerung, Nr. 5 – Anlage 7.

Quellenverzeichnis

Aufsätze

KGSt-Bericht Nr. 8/2003: Führungsnachwuchs – auch ohne „Goldfischteich"?!, KGSt, Köln, 2003.

(zitiert: KGSt-Bericht Nr. 8/2003: Führungsnachwuchs – auch ohne „Goldfischteich"?!)

KGSt-Bericht Nr. 1/2005: Betriebliches Gesundheitsmanagement als Führungsaufgabe, KGSt, Köln, 2005.

(zitiert: KGSt-Bericht Nr. 1/2005: Betriebliches Gesundheitsmanagement als Führungsaufgabe)

KGSt-Materialien Nr. 5/2008: Interkulturelle Öffnung – In sieben Schritten zur interkulturellen Öffnung der Verwaltung, KGSt, Köln, 2008.

(zitiert: KGSt-Materialien Nr. 5/2008: Interkulturelle Öffnung – In sieben Schritten zur interkulturellen Öffnung der Verwaltung)

KGSt-Bericht Nr. 3/2010: Der demografische Wandel in Kommunalverwaltungen – Strategische Ausrichtung und Handlungsansätze des Personalmanagements, KGSt, Köln, 2010.

(zitiert: KGSt-Bericht Nr. 3/2010: Der demografische Wandel in Kommunalverwaltungen – Strategische Ausrichtung und Handlungsansätze des Personalmanagements)

KGSt-Bericht Nr. 2/2011: Interkulturelles Personalmanagement, KGSt, Köln, 2011.

(zitiert: KGSt-Bericht Nr. 2/2011: Interkulturelles Personalmanagement)

Weisel, Katja: Handlungsoption für ein kommunales Arbeitszeitmanagement –
Flexibilität von Arbeitszeit und Arbeitsort als Instrument eines zukunftsfähigen
Personalmanagements, KGSt-Bericht Nr. 9/2014, Köln, 2014.

(zitiert: Weisel: Handlungsoption für ein kommunales Arbeitszeitmanagement –
Flexibilität von Arbeitszeit und Arbeitsort als Instrument eines zukunftsfähigen
Personalmanagements)

Wieliki, Matthias: „Durch kleine Schritte zum Erfolg" – Personalmanagement im
demografischen Wandel am Beispiel der Stadt Hamm, KGSt-Report Nr. 1/2015,
Köln, 2015.

(zitiert: Wieliki: „Durch kleine Schritte zum Erfolg" – Personalmanagement im
demografischen Wandel am Beispiel der Stadt Hamm)

Fachzeitschriften

Bayerischer Landkreistag (Hrsg.): Leitfaden für ein demografieorientiertes
Personalmanagement in den Landratsämtern, Bayerischer Innovationsring für
Landratsämter, München, 2014.

(zitiert: Bayerischer Landkreistag (Hrsg.): Leitfaden für ein demografieorientiertes
Personalmanagement in den Landratsämtern)

Hummel, Thomas/Knebel, Heinz/Wagner, Dieter/Zander, Ernst: Neuere Entwicklungen in ausgewählten Bereichen der Personalpolitik, in: Hochschulschriften
zum Personalwesen, Rainer Hampp Verlag, München u. Mering, 2011.

(zitiert: Hummel/Knebel/Wagner/Zander: Neuere Entwicklungen in ausgewählten
Bereichen der Personalpolitik, in: Hochschulschriften zum Personalwesen)

Internetquellen

URL: http://www.anwalt24.de/rund-ums-recht/Sabbatical-d280023.html (abgerufen: 05.01.2016).

(zitiert: http://www.anwalt24.de/rund-ums-recht/Sabbatical-d280023.html,
05.01.2016)

URL: https://www.arbeitsagentur.de/web/content/DE/Unternehmen/Ausbildung/
Ausbildungsformen/AusbildunginTeilzeit/index.htm (abgerufen: 04.01.2016).

(zitiert: https://www.arbeitsagentur.de/web/content/DE/Unternehmen/Ausbildung/
Ausbildungsformen/AusbildunginTeilzeit/index.htm, 04.01.2016)

URL: http://www.beruf-und-familie.de/index.php?c=21 (abgerufen: 12.01.2016).

(zitiert: http://www.beruf-und-familie.de/index.php?c=21, 12.01.2016)

URL: http://www.beruf-und-familie.de/index.php?c=46 (abgerufen: 12.01.2016).

(zitiert: http://www.beruf-und-familie.de/index.php?c=46, 12.01.2016)

URL: http://www.bmfsfj.de/BMFSFJ/Aeltere-Menschen/hilfe-und-pflege.html
(abgerufen: 05.01.2016).

(zitiert: http://www.bmfsfj.de/BMFSFJ/Aeltere-Menschen/hilfe-und-pflege.html,
05.01.2016)

URL: http://www.bmfsfj.de/RedaktionBMFSFJ/Abteilung3/Pdf-Anlagen/daten-
zum-demografischen-wandel-
praesentation,property=pdf,bereich=bmfsfj,sprache=de,rwb=true.pdf (abgerufen:
05.01.2016).

(zitiert: http://www.bmfsfj.de/RedaktionBMFSFJ/Abteilung3/Pdf-Anlagen/daten-
zum-demografischen-wandel-
praesentation,property=pdf,bereich=bmfsfj,sprache=de,rwb=true.pdf, 05.01.2016.

URL: http://www.bvs.de/bildungszentren/bvsregional/rosenheim (abgerufen: 05.01.2016).

(zitiert: http://www.bvs.de/bildungszentren/bvsregional/rosenheim, 05.01.2016)

URL: http://www.dak.de/dak/bundes-themen/Gute_Vorsaetze-1740654.html (abgerufen: 05.01.2016).

(zitiert: http://www.dak.de/dak/bundes-themen/Gute_Vorsaetze-1740654.html, 05.01.2016)

URL: http://www.deichmann-foerderpreis.de/2015/11/10/deichmann-foerderpreis-fuer-integration-aktuell-wie-nie/ (abgerufen: 16.01.2016).

(zitiert: http://www.deichmann-foerderpreis.de/2015/11/10/deichmann-foerderpreis-fuer-integration-aktuell-wie-nie/, 16.01.2016)

URL: http://www.duden.de/rechtschreibung/Biografie (abgerufen: 08.01.2016).

(zitiert: http://www.duden.de/rechtschreibung/Biografie, 08.01.2016)

URL: http://www.manager-magazin.de/unternehmen/artikel/sabbatical-so-macht-karriere-richtig-spass-a-1070249.html (abgerufen: 05.01.2016).

(zitiert: http://www.manager-magazin.de/unternehmen/artikel/sabbatical-so-macht-karriere-richtig-spass-a-1070249.html, 05.01.2016)

URL: https://www.mannheim.de/bildung-staerken/ausbildung-bei-stadt-mannheim (abgerufen: 12.01.2016).

(zitiert: https://www.mannheim.de/bildung-staerken/ausbildung-bei-stadt-mannheim, 12.01.2016)

URL: http://www.muenchen.de/rathaus/Stadtverwaltung/Personal-und-Organisationsreferat/Presseservice/2014/pm-2014-vereinbarkeit.html (abgerufen: 05.01.2016).

(zitiert: http://www.muenchen.de/rathaus/Stadtverwaltung/Personal-und-Organisationsreferat/Presseservice/2014/pm-2014-vereinbarkeit.html, 05.01.2016)

URL: http://www.muenchen.de/rathaus/Stadtverwaltung/Personal-und-Organisationsreferat/Stellen/Ausbildung-und-Studium/Ausbildung-Studieng-Blick/BA-Public-Management.html (abgerufen: 05.01.2016).

(zitiert: http://www.muenchen.de/rathaus/Stadtverwaltung/Personal-und-Organisationsreferat/Stellen/Ausbildung-und-Studium/Ausbildung-Studieng-Blick/BA-Public-Management.html, 05.01.2016)

URL: http://www.muenchen.de/rathaus/Stadtverwaltung/Personal-und-Organisationsreferat/Stellen/Ausbildung-und-Studium/Ausbildung-Studieng-Blick/Bachelor-of-Laws.html (abgerufen: 05.01.2016).

(zitiert: http://www.muenchen.de/rathaus/Stadtverwaltung/Personal-und-Organisationsreferat/Stellen/Ausbildung-und-Studium/Ausbildung-Studieng-Blick/Bachelor-of-Laws.html, 05.01.2016)

URL: http://www.vielfalt-gelingt.de/index.php?id=78 (abgerufen: 16.01.2016).

(zitiert: http://www.vielfalt-gelingt.de/index.php?id=78, 16.01.2016)

URL: http://www.wirtschaftslexikon24.com/d/job-sharing/job-sharing.htm (abgerufen: 08.01.2016).

(zitiert: http://www.wirtschaftslexikon24.com/d/job-sharing/job-sharing.htm, 08.01.2016

Kommentare

Dr. Hans Weiß, Franz Niedermaier, Dr. Rudolf Summer, Dr. Siegfried Zängl, Dr. Maximilian Baßlsperger und Michael Conrad: Beamtenrecht in Bayern Kommentar, Verlagsgruppe Hüthig Jehle Rehm GmbH, München, 2015.

(zitiert: Beamtenrecht in Bayern Kommentar-Bearbeiter)

Alfred Breier, Dr. Anette Dessau, Bernhard Faber, Hildegard Ewinger, Manfred Hoffmann, Dr. Karl-Heinz Kiefer, Dr. Sven Krämer, Sabine Kulok, Helmut Lang, Dr. Bernhard Langenbrinck, Volker Reinecke, Rolf Thivessen und Diana Wulfers: Kommentar zum Tarif- und Arbeitsrecht im öffentlichen Dienst, Verlagsgruppe Hüthig Jehle Rehm GmbH, München, 2015.

(zitiert: TVöD Kommentar-Breier/Dessau/Kiefer/Lang/Langenbrinck)

Literatur

Fehlau, Eberhart G.: 30 Minuten Erfolgsfaktor 50+, Gabal Verlag GmbH, Offenbach, 2011.

(zitiert: Fehlau: 30 Minuten Erfolgsfaktor 50+)

Kaiser, Stephan/Ringlstetter, Max Josef: Work-Life Balance – Erfolgsversprechende Konzepte und Instrumente für Extremjobber, Springer-Verlag, Berlin u. Heidelberg, 2010.

(zitiert: Kaiser/Ringlstetter: Work-Life Balance – Erfolgsversprechende Konzepte und Instrumente für Extremjobber)

Parment, Anders: Die Generation Y – Mitarbeiter der Zukunft motivieren, integrieren, führen, Springer, 2. Auflage, Wiesbaden, 2013.

(zitiert: Parment: Die Generation Y – Mitarbeiter der Zukunft motivieren, integrieren, führen)

Ritz, Adrian/Thom Norbert (Hrsg.): Talent Management – Talente identifizieren, Kompetenzen entwickeln, Leistungsträger erhalten, Gabler, 1. Auflage, Wiesbaden, 2010.

(zitiert: Ritz/Thom (Hrsg.): Talent Management – Talente identifizieren, Kompetenzen entwickeln, Leistungsträger erhalten)

Rohrschneider, Uta/Friedrichs, Sarah/Lorenz, Michael: Erfolgsfaktor Potenzialanalyse – Aktuelles Praxiswissen zu Methoden und Umsetzung in der modernen Personalentwicklung, Gabler Verlag, 1. Auflage, Wiesbaden, 2010.

(zitiert: Rohrschneider/Friedrichs/Lorenz: Erfolgsfaktor Potenzialanalyse – Aktuelles Praxiswissen zu Methoden und Umsetzung in der modernen Personalentwicklung)

Rump, Jutta/Eilers, Silke: Lebensphasenorientierte Personalpolitik – Strategien, Konzepte und Praxisbeispiele zur Fachkräftesicherung, Springer Gabler, Berlin u. Heidelberg, 2014.

(zitiert: Rump/Eilers: Lebensphasenorientierte Personalpolitik – Strategien, Konzepte und Praxisbeispiele zur Fachkräftesicherung)

Ruthus, Julia: Arbeitgeberattraktivität aus Sicht der Generation Y – Handlungsempfehlungen für das Human Resources Management, Springer, Wiesbaden, 2014.

(zitiert: Ruthus: Arbeitgeberattraktivität aus Sicht der Generation Y – Handlungsempfehlungen für das Human Resources Management)

Wien, Andreas/Franzke, Normen: Systematische Personalentwicklung – 18 Strategien zur Implementierung eines erfolgreichen Personalentwicklungskonzepts, Springer Gabler, Wiesbaden, 2013.

(zitiert: Wien/Franzke: Systematische Personalentwicklung – 18 Strategien zur Implementierung eines erfolgreichen Personalentwicklungskonzepts)

Anlagenverzeichnis

Gleichstellungskonzept
der Stadtverwaltung Rosenheim mit Mädchenrealschule, Baubetriebshof und Stadtentwässerung

Zahlen

Daten

Fakten

Ziele

Maßnahmen

Liebe Mitarbeiterinnen und Mitarbeiter,

ich freue mich Ihnen das aktuelle Gleichstellungskonzept der Stadt Rosenheim vorzustellen. Es liefert uns Basis und Ziele für unsere weiteren Schritte und soll auch künftig regelmäßig aktualisiert werden.

Die Gleichstellung der Geschlechter ist ein kontinuierlicher Prozess, der noch lange nicht abgeschlossen ist. Zentrales Anliegen einer modernen Gleichstellungspolitik ist es, die partnerschaftliche Verteilung der Aufgaben zwischen Frauen und Männern – ob in der Familie, im Beruf oder der Gesellschaft zu ermöglichen und zu fördern.

Ich trete dafür ein, dass in unserer städtischen Verwaltung Frauen und Männer, nach ihren jeweiligen geschlechtsspezifischen Bedarfen, die gleichen Chancen und Entwicklungsmöglichkeiten haben. Dies fordert vor allem unsere Führungskräfte. Ziel ist eine lebensphasenorientierte Personalpolitik. Mittlerweile sind auf diesem Wege bei insgesamt über 800 Beschäftigten rund 250 individuelle Arbeitszeitmodelle entstanden. Zudem haben wir auch für unsere Mitarbeiterinnen und Mitarbeiter die Kindertagesbetreuung ausgebaut.

Für die Zukunft gilt es, eine Erhöhung des Anteils von Frauen in Führungspositionen ins Auge zu fassen. Die Bundesregierung definiert in ihrem ersten Gleichstellungsbericht hierzu Handlungsbedarf, der auf allen Ebenen umgesetzt werden soll und mit dem Beschluss der Frauenquote einen Anfang macht.

Ich wünsche uns allen Erfolg in der Umsetzung unseres Gleichstellungskonzepts, auf dem Weg in eine chancengerechte Zukunft für Frauen und Männer in unserer Verwaltung und natürlich auch darüber hinaus.

Ihre
Gabriele Bauer

4.4   Führung in Teilzeit

Um verwertbare Ergebnisse aus Sicht der Gleichstellung zu erhalten, wurde Teilzeit hier definiert mit max. 85 % der tariflichen Wochenarbeitszeit. Bei Beamten mit einer wöchentlichen Arbeitszeit im Jahr 2012 von 42 Stunden entspricht dies höchstens 35,7 Wochenstunden, bei Beschäftigten mit einer tariflichen Arbeitszeit von 39 Stunden ergeben sich höchstens 33,15 Wochenstunden.

QE	gesamt	M	davon TZ	in %	W	davon TZ	in %
Gesamt	94	71	3	4 %	23	5	22 %
QE 2	8	7	0	0 %	1	0	0 %
QE 3	66	45	3	7 %	21	5	24 %
QE 4	10	9	0	0 %	1	0	0 %

Bild 10: Führungskräfte in Teilzeit in der Verwaltung   (Stand: 30.6.2012)

Auch in der Führungsebene der Verwaltung arbeiten insgesamt mit 22% wesentlich mehr Frauen wie Männer (4%) in Teilzeit. Auffallend ist jedoch, dass damit der Anteil der weiblichen Führungskräfte in Teilzeit weit hinter dem allgemeinen Anteil aller Mitarbeiterinnen in Teilzeit mit mehr als 50 % zurück bleibt. In den Ebenen QE2 und QE4 weder von Männern noch von Frauen Teilzeit beansprucht wird, nur Führungskräfte der QE3 nutzen die Möglichkeit der Teilzeit.

Fazit zu Führung in Teilzeit

Führung in Teilzeit stößt in einer öffentlichen Verwaltung, die im Rahmen des Dienstleistungsgedankens, auf eine Präsenzkultur ausgerichtet ist, auf organisatorische Probleme. Die in der Verwaltung vorhanden Beispiele zeigen, dass Führungsarbeit in Teilzeit grundsätzlich möglich und akzeptiert ist. Zur Stärkung dieses Führungsmodells muss immer auch die Frage geklärt werden, ob und wie Verantwortung geteilt und die organisatorische Flexibilität hergestellt werden kann.

Am deutlichsten wird der Mangel an weiblichen Führungskräften in den obersten Führungsebenen der Verwaltung, d.h. bei der Amtsleitung und auf Dezernentenebene, denn hier gibt es eine einzige weibliche Führungskraft. (Anmerkung: Seit 2015 gibt es eine zweite Amtsleiterin in der Verwaltung.)

Anhang

Übersicht von Maßnahmen zur Verbesserung der Vereinbarkeit von Familie und Beruf

	Maßnahmen	Beschreibung/ Erklärung	Stadt Rosenheim Stand:	Anmerkungen
1.	Schwangeren-beratung	Individuelle Informationen der Gleichstellungsstelle zu Schwangerschaft und Elternzeit bis zum Wiedereinstieg	Eingeführt GS	Ziel: Bessere und frühzeitige Planung des Wiedereinstieges und der Karriere
2.	Rückkehrpro-gramm	Begleitung in der Elternzeit/Beurlaubung durch die Gleichstellungsstelle um einen guten Wiedereinstieg zu ermöglichen.	Eingeführt GS	Ziel: Wiedereinstieg/Karriere wird langfristig von den Eltern geplant Pflicht der Beurlaubten sich 6 Mon. vorher zu melden, GS wird in Zukunft die Frauen auf ihre Verpflichtung hinweisen!
3.	Väterzeit	Beide Eltern können Elternzeit nehmen und diese aufteilen. Väter nehmen überwiegend die sog. Vätermonate, d.h. 2 Monate.	Wird von einigen Vätern in Anspruch genommen	Gesetzlich geregelt
4.	Infodienst für Beurlaubte	Eltern in Elternzeit und Beurlaubte erhalten per Mail Informationen vom Personalamt, Personalrat und der Gleichstellungsstelle	Eingeführt GS, PR und I/11	Wichtig: Sie erhalten alle Stellenausschreibungen
5.	Infotag für Eltern in der Familienzeit	Eltern in der Familienzeit werden 1x jährlich ins Rathaus eingeladen und über neue Entwicklungen informiert	Eingeführt seit 2012 GS	Sehr positive Resonanz der Teilnehmenden
6.	Vor-Ort-Seminare für Eltern in der Elternzeit/Beur-laubung	Eltern können bereits in der Elternzeit/Beurlaubung Vor-Ort-Seminare besuchen.	Eingeführt I/11	Wichtig ist dies vor allem im EDV Bereich kurz vor dem Wiedereinstieg
7.	Teilzeit	Teilzeit wird von 10 bis ca. 35 Stunden/Woche angeboten	Eingeführt	Wird gut angenommen und die Belange der Eltern berücksichtigt

	Maßnahmen	Beschreibung/ Erklärung	Stadt Rosenheim Stand:	Anmerkungen
		Betriebliches Konzept geplant		
8.	Teilzeit auch für Führungskräfte		Geringfügig vorhanden	Meist nur bei überwiegender Teilzeit, d.h. 30 Stunden und mehr
9.	Jobsharing	Zwei Teilzeitkräfte teilen sich einen Arbeitsplatz, die Arbeitsstunden können verschieden aufgeteilt sein	vorhanden	Jobsharing gibt es wenig im Bereich der Sachbearbeitung, eher z.B. bei Geschäftszimmern
10.	Flexible Arbeitszeiten * über 250 verschiedene Arbeitszeit-modelle, die sehr flexibel an die (familiären) Bedürfnisse der MA angepasst sind/bzw. anpassbar sind.	Arbeitszeitlösungen, welche hinsichtlich Lage und Dauer der Arbeitszeit täglich, wöchentlich, monatlich oder anders von der so genannten Normalarbeitszeit abweichen.	Nur bedingt möglich	Abhängig von Rahmenzeit, Öffnungszeiten und dem Dienstbetrieb
11.	Gleitzeit	Beginn und Ende der Arbeitszeit können selbst bestimmt werden innerhalb der Ansprech- und festgelegten Rahmenzeit. Überstunden können per Gleitzeit abgebaut werden.	eingeführt	Sehr hilfreich, auch um in Ferienzeiten die Betreuung sicher zu stellen
12.	Telearbeit	Zeitlich begrenzte und festgelegte Arbeit von Zuhause	eingeführt	Telearbeit ist jedoch nur bedingt möglich, abhängig vom Tätigkeitsprofil DV Telearbeit
13.	Reservierung von Krippenplätzen für Mitarbeiter und Mitarbeiterinnen der Stadt Rosenheim	Im Klinikum und bei den Studentenflöhen können jeweils drei Plätze in Anspruch genommen werden.	Eingeführt	Ab Herbst 2013 6 Plätze, problematisch ist die Vermittlung von Kindern aus dem Landkreis
14.	Hilfe bei der Vermittlung von		bedingt	Hinweise von der Gleichstellungsstelle und

	Maßnahmen	Beschreibung/ Erklärung	Stadt Rosenheim Stand:	Anmerkungen
	Betreuungs- plätzen			Angebote des Jugendamtes
15.	Ferienbetreuung für Kinder	Die Gleichstellungsstelle informiert über Angebote durch andere Institutionen z.B. Stadtjugendring und Kind und Werk	eingeführt	
16.	Kinderbetreuung an Buß- und Bettag	Die Gleichstellungsstelle informiert über Angebote mit dem Personalrat	Eingeführt GS und PR	Angebote der GS und PR wurden leider wenig genutzt, weshalb Eltern zukünftig über allgemeine Angebote informiert werden.
17.	Elternparkplätze	Eltern wird ein Parkplatz zugesprochen, wenn sie morgens ihre kleinen Kinder versorgen und erst nach 8 Uhr in der Stadt ankommen	Wird ab Frühjahr 2013 angeboten GS und I/10	Wird von den Eltern als sehr wichtig eingestuft, da es wenig Parkraum im Stadtgebiet gibt.
18.	Familien- freundliche Arbeitskultur/ Betriebskultur	Verständnis und Rücksichtnahme auf die Belange von Eltern, z.B. durch Tausch von Arbeitstagen bei Krankheit der Kinder, bei der Festlegung der Arbeitsstunden und –tagen.	Gibt es grundsätz- lich	
19.	Terminverein- barungen unter Berücksichtigung der Arbeitszeiten von Teilzeitkräften	Zur Sicherstellung der Informationsteilhabe und verbesserten Integration in die Teams	Wird in der Regel beachtet	Outlook Terminplaner erleichtert die Beachtung
20.	Kurzfristige Telearbeit für Notfälle	Zeitlich begrenzte Telearbeit für Notfälle, z.B. längere Krankheit des Kindes	DV Telearbeit ist ergänzt	Abhängig vom Einzelfall und dem Arbeitsplatz
21.	Notfallbetreuung	Bei Ausfall der Kinderbetreuung kann eine kurzfristige Notfallbetreuung über die Großtagespflege organisiert werden.	Eingeführt.	Kurzfristige Platzvergabe durch das Jugendamt oder die Großtagespflege

Anlage 1

	Maßnahmen	Beschreibung/ Erklärung	Stadt Rosenheim Stand:	Anmerkungen
22.	Öffnungszeiten von Kitas, Mittagsbetreuungen, Horten Ganztagsklassen		Wird derzeit ausgebaut	Morgen- und Abendzeiten noch verbesserbar
23.	Seminare für Teilzeitkräfte	Seminare nur am Vormittag	Nein	
24.	Fachübergreifende Fortbildung auch abends/am Wochenende möglich (z. B. VHS-Seminare)			Einzelfallklärung mit I/11; grundsätzlich können auch solche Seminare bezahlt werden

Anlage 1

Gleichstellungskonzept Stadt Rosenheim, 2015
Anhang

Was gibt es noch?	Beschreibung/ Erklärung	Stadt Rosenheim Stand:	Anmerkungen
Eltern-Kind-Büro	Bei Ausfall der Kinderbetreuung oder bei leichter Krankheit des Kindes kann dieses in ein Büro mit Kinderausstattung mitgenommen werden.	Nein	Wird in anderen Einrichtungen wenig angenommen. Ein Büro mit Kinderausstattung muss eingerichtet und frei gehalten werden. Eltern müssen zusammen mit ihren Kindern arbeiten (ist das sinnvoll?)
Jahreskonten	Überstunden können über längeren Zeitraum gesammelt und später abgebaut werden, z.B. in Ferienzeiten, Alternative zur Gleitzeit	Nein, da wir Gleitzeit anbieten	Sehr hilfreich in Ferienzeiten, aber abhängig von Aufgabe/Arbeitsplatz und Team
Behörden- oder Betriebskinder- tagesstätten	Die Behörde, bzw. der Betrieb bieten eine eigene Kindertagesstätte an, die alle Mitarbeiter und Mitarbeiterinnen nutzen können unabhängig vom Wohnort	Nein, da wir Plätze reserviert haben	Bietet die Möglichkeit individuelle Betreuungszeiten anzubieten; spart den Eltern Zeit, da sie nur eine Stelle anfahren müssen, Pausen können gemeinsam verbracht werden und Eltern stehen schneller zur Verfügung.
Familienpflegezeit/ Pflegezeit			Neue gesetzliche Regelungen seit 2015
Dienstbefreiung zur Betreuung von Angehörigen bei Krankheit			Gesetzliche/tarifliche Regelungen

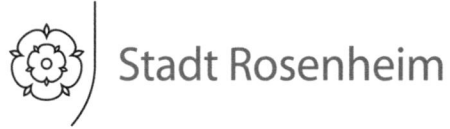

Stadt Rosenheim

MITARBEITERJAHRESGESPRÄCH

Leitfaden für das persönliche Gespräch

zur gegenseitigen Rückmeldung und

für Beratung, Förderung und Zielvereinbarung

mit Mitarbeitern

Stand: März 2015

1. WARUM DAS REGELMÄßIGE MITARBEITERGESPRÄCH SO WICHTIG IST

Vorgesetzte und Mitarbeiterinnen und Mitarbeiter reden zu selten ernsthaft miteinander.

Regelmäßige Gespräche zwischen Vorgesetzten und Mitarbeitern sind außerordentlich wichtige Bestandteile der effektiven und befriedigenden Zusammenarbeit. Sie fördern das gegenseitige Verständnis für die beruflichen Herausforderungen wie auch für die persönlichen Rahmenbedingungen und Wünsche. Möglichen Fehleinschätzungen wird vorgebeugt, entstandene Missverständnisse können in entspannter Atmosphäre angesprochen und ausgeräumt werden. Dies alles sind Voraussetzungen, damit ein langfristiges Vertrauensverhältnis entstehen kann. Umfassend durchgeführt, sind regelmäßige Mitarbeitergespräche eines der wirkungsvollsten Werkzeuge, ein offenes Arbeitsklima im Unternehmen zu schaffen.

Der Nutzen solcher Gespräche wird leider immer wieder unterschätzt und oft genug drängt das Tagesgeschäft die ernstgemeinte Gesprächsabsicht in den Hintergrund – zum Schaden aller Beteiligten.

Das regelmäßige Gespräch zwischen Mitarbeiterin und Mitarbeiter und der direkt vorgesetzten Führungskraft, das einmal im Jahr in formalisierter Form als sogenanntes **Mitarbeiter-Jahresgespräch** stattfinden soll, ist als Anstoß gedacht, den systematischen Gedankenaustausch zu intensivieren. Selbstverständlich ist es möglich und sogar wünschenswert, dass sich Mitarbeiter und Vorgesetzter häufiger zusammensetzen und sich in Ruhe über Aufgaben, Zusammenarbeit und weitere wichtige Themen verständigen.

"Missverständnisse können in entspannter Atmosphäre ausgeräumt werden"

3. WAS IST DAS MITARBEITERJAHRESGESPRÄCH UND WOZU DIENT ES?

Das Mitarbeiterjahresgespräch ist

- Eine regelmäßig wahrzunehmende Führungsaufgabe für alle Vorgesetzten.
- Ein Gespräch, in dem Mitarbeiter und Vorgesetzter als gleichberechtigte Partner zusammenwirken.
- Ein regelmäßig stattfindendes Gespräch, auf das sich beide Gesprächspartner vorbereitet haben.
- Ein Vier-Augen-Gespräch (grundsätzlich).
- Ein persönlicher, offener Dialog.
- Ein Gespräch, in dem Vereinbarungen getroffen werden, die beide Partner nach besten Kräften in die Tat umsetzen.

Die **Ziele des Mitarbeiterjahresgespräches** sind:

- Gegenseitige Rückmeldung und Aussprache über sachliche und persönliche Punkte der Zusammenarbeit in den letzten Monaten bzw. seit dem letzten Gespräch.
- Gewinnen einer gemeinsamen Sichtweise über aktuelle und anstehende Aufgaben.
- Darlegen von Mitarbeiter- und Vorgesetztenzielen längerfristig und bis zum nächsten Termin des Mitarbeiterjahresgespräches.
- Besprechung notwendiger Vorbereitungen, Hilfsmittel, Qualifikationen und Unterstützungen.
- Gemeinsames abstimmen und vereinbaren von Zielen.
- Unterstützung der beruflichen Weiterentwicklung des Mitarbeiters.

"Eine gemeinsame...

...Sichtweise gewinnen"

Mögliche Gesprächsinhalte

1. Rückblick und Beurteilung des vergangenen Zeitraumes

1.1 Wie verlief die Tagesarbeit an Ihrem Arbeitsplatz?

1.2 Was betrachten Sie als besonderes Ergebnis / besonderen Erfolg an Ihrem Arbeitsplatz?

1.3 Was hat nicht Ihren Vorstellungen entsprechend funktioniert?

1.4 Was sind die Gründe für gute und weniger gute Resultate?

Welche Schlussfolgerungen kann man aus diesem Rückblick ziehen?

Was könnten Vorsätze und Ziele für die nächsten 12 Monate sein?

2. Arbeitsbedingungen und Arbeitsorganisation

2.1 Sind die erforderlichen Arbeitsmittel vorhanden?

2.2 Wie sind Sie mit den Bedingungen an Ihrem Arbeitsplatz zufrieden?

2.3 Welche Vorschläge haben Sie zur Verbesserung von Arbeitsplatz und Arbeitsablauf?

2.4 Wie empfinden Sie Ihre fachliche und persönliche Arbeitsauslastung?

2.5 Fühlen Sie sich auf Ihrem Arbeitsplatz richtig eingesetzt?

Welche Schlussfolgerungen kann man daraus ziehen?

Was könnten Maßnahmen für die nächsten 12 Monate sein?

3. Zusammenarbeit zwischen dem Mitarbeiter und dem Vorgesetzten

Rückmeldung für den Vorgesetzten

3.1 Stellt mir mein Vorgesetzter Aufgaben klar dar und überträgt er Durchführung und Verantwortung?

3.2 Sind die Aufgabenstellungen meines Vorgesetzten herausfordernd?

3.3 Informiert mich mein Vorgesetzter rechtzeitig und im richtigen Umfang?

3.4 Bezieht mich mein Vorgesetzter in Entscheidungen mit ein?

3.5 Unterstützt mich mein Vorgesetzter im richtigen Maß und gibt mir Fachwissen weiter?

3.6 Nimmt sich mein Vorgesetzter genügend Zeit für mich?

Rückmeldung an den Mitarbeiter

3.7 Stellt sich der Mitarbeiter auf die jeweilige Aufgabe ein?

3.8 Strebt der Mitarbeiter bestmögliche Aufgabenlösung an?

3.9 Wie packt der Mitarbeiter übertragene Aufgaben an und bringt sie zum Abschluss?

3.10 Informiert mich der Mitarbeiter rechtzeitig und angemessen?

3.11 Bemüht sich der Mitarbeiter den Gesamtzusammenhang zu verstehen und in seiner Aufgabe zu berücksichtigen?

3.12 Wie ist das Zusammenspiel mit Kollegen und Bürgern?

3.13 Bemüht sich der Mitarbeiter neues Wissen und neue Fertigkeiten zu erwerben und anzuwenden?

Welche Schlussfolgerungen kann man aus diesen Rückmeldungen ziehen?

Was könnten Vorsätze und Ziele für die nächsten 12 Monate sein?

4. Fort- und Weiterbildung / persönliche Perspektiven

4.1 Welcher Fort- und Weiterbildungsbedarf besteht für die gegenwärtige Aufgabe?

4.2 Welche Ziele hat der Mitarbeiter für seine berufliche Zukunft?

4.3 Welcher anderweitiger Fortbildungsbedarf besteht?

Welche Bildungs- und Fördermaßnahmen sollen in den kommenden 12 Monaten eingeleitet bzw. umgesetzt werden?

Anlage 3

Die Stadt Rosenheim - vertreten durch Oberbürgermeisterin Gabriele Bauer -,

und

der örtliche Personalrat der Stadtverwaltung Rosenheim - vertreten durch den Vorsitzenden Wolfgang Tschentscher -

schließen gemäß Art. 73 i.V.m. Art. 75 Abs. 4 Ziff. 1 Bay PVG folgende Dienstvereinbarung über die Arbeitszeit (DV-Arbeitszeit):

- Präambel -

Die Vertragsparteien wollen mit dieser Dienstvereinbarung eine Flexibilisierung der individuellen Arbeitszeiten der Mitarbeiterinnen und Mitarbeiter unter gleichzeitiger Berücksichtigung dienstlicher Belange gewährleisten. Die Mitarbeiterinnen und Mitarbeiter haben die Möglichkeit, den Beginn und das Ende ihrer täglichen Arbeitszeit innerhalb der durch diese Dienstvereinbarung gesetzten Schranken individuell festzulegen, wobei sich die Arbeitszeit grundsätzlich an den dienstlichen Notwendigkeiten auszurichten hat.

Aufgabe der Vorgesetzten ist es, bei Bedarf im Hinblick auf die Berücksichtigung der vorstehend genannten Belange steuernd einzugreifen.

1 Allgemeine Regelungen

1.1 Geltungsbereich

Die Dienstvereinbarung gilt für alle bei der inneren Verwaltung, der Stadtentwässerung und dem Baubetriebshof tätigen Mitarbeiterinnen und Mitarbeiter.

Sie gilt auch für Beamtinnen und Beamte, Beamten-Anwärterinnen und Anwärter (die Regelungen der "DV-Arbeitszeit für Beamte" vom 01.01.1994 wurden in diese DV eingearbeitet).

1.2 Ausnahmen

1.2.1. Ausgenommen von der Gleitzeitregelung nach Ziff. 6 sind:

- Mitarbeiterinnen und Mitarbeiter unter 18 Jahren
  Für sie gilt die in Ziff. 4 festgelegte Regelarbeitszeit.

1.2.2. Ausgenommen von Ziff. 3 bis 6 sind

a) Mitarbeiterinnen und Mitarbeiter in folgenden Bereichen:

- Hausmeister/innen
- Reinigungskräfte
- Stadtbibliothek (Sg. 412)
- Außendienst der VÜ

Anlage 3

- Sg. Signalanlagen und Beleuchtung
- regionale Sozialdienste

Die Arbeitszeit wird im Einzelfall durch die / den jeweiligen Amtsleiter/in in Abstimmung mit dem Personalrat und ggf. mit dem Hauptamt, Sg. Steuerungsunterstützung/Organisation festgelegt. Dieser Personenkreis bedient bei Arbeitsbeginn, Arbeitsende bzw. notwendigen Unterbrechungen das Zeiterfassungsgerät. Überzeiten können nach Abstimmung mit dem/der Vorgesetzten (Ziff. 1.3) ausgeglichen werden.

b) Mitarbeiterinnen und Mitarbeiter in folgenden Bereichen:

- Reinigungskräfte (soweit nicht in Ziff. 1.2.2.a)
- Feuerwehr (techn. Bedienstete)
- Rettungsleitstelle
- Sportstätten (Eisstadion, Turnhallen)
- Holztechnisches Museum, Städt. Museum
- Galerie
- Volkshochschule (Seminardienst)
- Kindergärten

Die Arbeitszeit wird im Einzelfall durch die / den jeweiligen Amtsleiter/in in Abstimmung mit dem Personalrat und ggf. mit dem Hauptamt, Sg. Steuerungsunterstützung/Organisation festgelegt. Dieser Personenkreis führt den Nachweis über die Arbeitszeit in Form von Stundenzetteln, Dienstplänen o. ä. Überzeiten können nach Abstimmung mit dem / der Vorgesetzten (Ziff. 1.3) ausgeglichen werden.

c) Mitarbeiterinnen und Mitarbeiter in folgenden Bereichen:

- tariflich Beschäftigte des Baubetriebshofs in den Bereichen Straßenunterhalt, Müllabfuhr, Stadtreinigung, Gullytrupp und Gärtnerei sowie Spiel und Sportplatzpflege
- Klärwerk

Die Arbeitszeit wird im Einzelfall durch den jeweiligen Werkleiter in Abstimmung mit dem Personalrat festgelegt. Dieser Personenkreis führt den Nachweis über die Arbeitszeit in Form von Stundenzetteln, Dienstplänen o. ä.. Überzeiten können nach Abstimmung mit dem / der Vorgesetzten (Ziff. 1.3) ausgeglichen werden.

d) - Dezernenten und Werkleiter

Die Regelungen der Dienstvereinbarung gelten sinngemäß.

1.2.3 Ausnahmen von dieser Dienstvereinbarung können in individuellen flexiblen Arbeitszeitverträgen

Anlage 3

bzw. in Sondervereinbarungen für einzelne Ämter oder Sachgebiete (derzeit Einwohnerwesen, Kfz-Zulassungsstelle, Stadtgärtnerei, Müllabfuhr, Stadtreinigung, Klärwerk) mit Zustimmung des Personalrats festgelegt werden.

1.3 Vorgesetzte im Sinne dieser Dienstvereinbarung sind:

- die Dezernenten und Werkleiter
- die Amtsleiter/innen

Bei Bedarf kann diese Eigenschaft von der Amtsleitung im Einvernehmen mit dem Sg. Steuerungsunterstützung / Organisation schriftlich auf Sachgebietsleiter/-innen übertragen werden. Die Amtsleiter/innen können einzelne der in Ziff. 1.2.2, Ziff. 5 lt. Abs., Ziff. 6 - 4. Abs. und Ziff.9.2 - 1. Abs. festgelegten Aufgaben auf die jeweiligen Sachgebietsleiter/-innen übertragen.

1.4 Andere gesetzliche bzw. tarifrechtliche Regelungen, wie etwa Mutterschutzgesetz, Arbeitszeitgesetz, TVöD, usw., gehen dieser Regelung vor. Nähere Auskünfte erteilt das Personalamt.

2 Wöchentliche Arbeitszeit

Die **durchschnittliche regelmäßige wöchentliche Arbeitszeit** richtet sich nach den Bestimmungen der Arbeitszeitverordnung und den Tarifverträgen. Sie beträgt derzeit für

- tariflich Beschäftigte **39 Stunden**
- Beamte **40 Stunden**

Sonderregelungen für schwerbehinderte Mitarbeiterinnen und Mitarbeiter sind zu beachten.

3 Rahmenzeit

ist die Zeit zwischen dem frühesten Dienstbeginn und dem spätesten Dienstende:
Montag –Donnerstag 06.30 Uhr - 18.30 Uhr
Freitag 06.30 Uhr - 15.00 Uhr

4 Regelarbeitszeiten

sind die nach Maßgabe der Arbeitszeitvorschriften nachfolgend festgelegten Dienststunden:

Tarifbereich		Beschäftigte über 18 Jahre	Beschäftigte unter 18 Jahre
Dienstbeginn	Mo. - Do.	7.30 Uhr	7.15 Uhr

Anlage 3

Tarifbereich		Beschäftigte über 18 Jahre	Beschäftigte unter 18 Jahre
	Fr.	8.00 Uhr	7.15 Uhr
Mittagspause	Mo.-Do.	12.00 - 12.30 Uhr	11.45 Uhr - 12.45 Uhr
	Fr.	keine	9.30 Uhr - 10.00 Uhr
Dienstende	Mo.-Do.	16.42 Uhr	16.45 Uhr
	Fr.	12.12 Uhr	12.45 Uhr

Beamte/-innen		Beamte/-innen und Anwärter/-innen ab 18 Jahre	Beamte/-innen und Anwärter/-innen unter 18 Jahren
Dienstbeginn	Mo.-Do.	7.30 Uhr	7.30 Uhr
	Fr.	8.00 Uhr	7.15 Uhr
Mittagspause	Mo.-Do.	12.00 Uhr- 12.30 Uhr	12.00 Uhr- 12.45 Uhr
	Fr.	keine	keine
Dienstende	Mo.-Do.	17.00 Uhr	17.00 Uhr
	Fr.	12.00 Uhr	12.15 Uhr
Ruhepause (Die Ruhepausen werden auf die Anwesenheitszeiten angerechnet und stehen zur freien Verfügung.)	Mo.-Do.		09.42 Uhr- 10.00 Uhr
	Fr.		09.30 Uhr - 10.00 Uhr

5 Ansprechzeitregelungen:

Jede Funktionsgruppe regelt ihre Ansprechzeiten publikums-, aufgaben- und bedarfsorientiert.
Dabei werden von der Amtsleiterin / vom Amtsleiter in Absprache mit den jeweils betroffenen Mitarbeiterinnen und Mitarbeitern Mindestbesetzungsstärken für bestimmte Zeiten festgelegt. Ansprechzeiten sowie Mindestbesetzungsstärke orientieren sich am Kundenbedarf und dem Arbeitsaufkommen, Arbeitsschwankungen im Jahresverlauf sind zu berücksichtigen. Sie sind diesbezüglich laufend zu überprüfen und ggf. anzupassen.
Das Hauptamt, Sg. Steuerungsunterstützung/Organisation ist über die jeweilige Ansprechzeitregelung zu informieren.

Anlage 3

Die Mitarbeiterinnen und Mitarbeiter einer Funktionsgruppe tragen die Verantwortung über die Einhaltung der Ansprechzeitregelung (Anwesenheit, Pausen, Arbeitsunterbrechungen, Gleitzeit etc.). Kann eine Einigung innerhalb des Teams nicht erzielt werden, entscheidet die / der unmittelbare Vorgesetzte. In dringenden Fällen können die Vorgesetzten (Ziff.1.3) kurzzeitig abweichende Regelungen treffen.

Die **Parteiverkehrs- bzw. Besuchszeiten** liegen innerhalb der Ansprechzeiten, soweit nicht für einzelne Bereiche etwas anderes vereinbart wurde. Diese Zeiten sind in gesonderten Verfügungen festgelegt (derzeit: Verfügung 12/07 vom 16.10.07 sowie diverse fachbereichsspezifische Ausnahmeregelungen). Sie stellen (neben individuellen Terminvereinbarungen, die zu jeder Zeit möglich sind) das weitestgehende Serviceangebot der Stadt Rosenheim dar.

Gegenüber der Ansprechzeit ist ein deutlich höherer Leistungsstandard festzulegen.

6 Gleitzeit:

Abweichend von der unter Ziff. 4 festgesetzten Regelarbeitszeit können die Mitarbeiterinnen und Mitarbeiter **im Rahmen der getroffenen Ansprechzeitregelung und der festgelegten Rahmenzeit** Beginn und Ende der täglichen Arbeitszeit sowie die Mittagspause selbst bestimmen.

Spätestens nach **6 Arbeitsstunden muss** eine **(Mittags-)Pause** von **mind. 30 Minuten** gemacht werden. Nach den Bestimmungen des Arbeitszeitgesetzes **müssen** tariflich Beschäftigte an Tagen, an denen **über 9 Stunden** gearbeitet wird, mindestens eine **(Mittags-)Pause** von **45 Minuten** machen. Nach den Bestimmungen des Arbeitszeitgesetzes und der Arbeitszeitverordnung dürfen **täglich grundsätzlich nicht mehr als 10 Std.** auf die Sollzeit angerechnet werden.

Das Recht der Mitarbeiterinnen und Mitarbeiter, Beginn und Ende der Arbeitszeit selbst zu bestimmen, kann durch die Vorgesetzten eingeschränkt werden, wenn es dienstlich erforderlich ist. Das Recht von Mitarbeiterinnen und Mitarbeitern auf Inanspruchnahme der gleitenden Arbeitszeit kann z. B. bei nachgewiesenem Missbrauch eingeschränkt oder versagt werden. Dies ist jedoch erst nach Anhörung des Fachamts mit Zustimmung des Personalrates durch schriftliche Entscheidung des Hauptamts, Sg. Steuerungsunterstützung/Organisation in Abstimmung mit dem Personalamt möglich.

7 Überschreitung der Rahmenzeit:

Eine Überschreitung der Rahmenzeit nach Ziff. 3 ist grundsätzlich nicht zulässig.

Ausnahmen im Einzelfall sind nur dann zugelassen, wenn es sich um unaufschiebbare Arbeiten handelt. Diese notwendige Überschreitung der Rahmenzeit muss der/die Vorgesetzte genehmigen. Eine über den Einzelfall hinausgehende Überschreitung der Rahmenzeit ist nur dann möglich, wenn vorher

150 JAHRE Stadt Rosenheim 1864 - 2014

Herzlich willkommen in Rosenheim

Informationen für Bürger und Gäste
der Stadt Rosenheim

Stadt Rosenheim

Liebe Neubürgerinnen und Neubürger, herzlich willkommen und »Grüß Gott« in Rosenheim!

Ich freue mich, dass Sie in unserer Stadt Ihr neues Zuhause gefunden haben. Ankommen, sich wohlfühlen und Rosenheim als neue Heimat annehmen – dies gelingt umso besser, je intensiver Sie unsere „Stadt der Möglichkeiten" kennenlernen.

Rosenheim ist das wirtschaftliche und kulturelle Zentrum der Region zwischen München, Salzburg und Innsbruck. Die Rosenheimer Innenstadt mit ihren vielen kleinen Geschäften und ihrem südländischem Flair, lässt keinen Kundenwunsch offen. Das umfangreiche Freizeitangebot in und um Rosenheim mit der Nähe zu den Bergen und den vielen Seen sucht seinesgleichen.

»Rosenheim – dort leben und arbeiten, wo andere Urlaub machen!« Ich hoffe und wünsche mir, dass Sie diese besondere Qualität Rosenheims nutzen, am gesellschaftlichen Leben unserer Stadt nicht nur teilnehmen, sondern es auch mitgestalten.

Zum Beispiel bei der Arbeit am „Stadtentwicklungskonzept Rosenheim 2025" und dem „Integrierten Klima-, Energie- und Umweltschutzkonzept". Bei beiden Initiativen geht es darum, den richtigen Weg für Rosenheims Zukunft einzuschlagen, sodass unsere Stadt lebens- und liebenswert bleibt.

In einer Stadt mit über 60.000 Einwohnern sind die Angebote und Einrichtungen des öffentlichen Lebens einschließlich unserer Stadtverwaltung für Neubürgerinnen und Neubürger nicht sofort überschaubar. Mit unserer neu aufgelegten Informationsbroschüre wollen wir Ihnen einen nützlichen Leitfaden an die Hand geben, um sich schnell und zielgerichtet über unsere Stadt zu informieren. Gleichzeitig soll Ihnen ein umfangreicher Serviceteil mit Adressen von Behörden, Vereinen, Kindertagesstätten und vielem mehr helfen, nicht nur den richtigen Draht zur Stadtverwaltung zu finden, sondern sich schnell unter den vielseitigen Angeboten zu orientieren, die für den Alltag wichtig sind. Auch unseren Gästen und Besuchern sowie vielen Einheimischen ist diese Broschüre eine geschätzte und wertvolle Informationsquelle und Orientierungshilfe.

Sollten Sie darüber hinaus Fragen oder Anregungen haben, stehen Ihnen unsere Mitarbeiterinnen und Mitarbeiter der Stadtverwaltung selbstverständlich gerne zur Verfügung. Viele Informationen rund um die Stadt Rosenheim finden Sie natürlich auch im Internet – besuchen Sie uns unter www.rosenheim.de.

Mein Dank gilt allen Betrieben und Unternehmen, die durch ihre Werbung diese Broschüre ermöglicht haben.

In Ihrer neuen Heimat wünsche ich Ihnen Glück, Erfolg und viele schöne Momente - Herzlich willkommen in Rosenheim!

Ihre

Gabriele Bauer
Oberbürgermeisterin

Leitbild

**Leitbild
Stadt Rosenheim:**

Hohe Lebens- und Stadtqualität
in einer überschaubaren Mittelstadt

**Leitbild
Dienstleistungsunternehmen
Stadt Rosenheim:**

Gemeinsam für Rosenheim

ROSENHEIM

Briançon (Frankreich)
seit 12. November 1974

Ichikawa (Japan)
seit 5. August 2008

Lazise (Italien)
seit 12. Oktober 1979

Geschichte

15 n. Chr.	Vorläufer von Rosenheim: Römische Militärstation Pons Aeni (Brücke, Gräberfeld, Töpfereien)
1234	Erste Nachricht vom »Schloss Rosenheim«
1276	Erste Nachricht von der Brücke über den Inn und dem Salztransport
1328	Rosenheim wird »gefreiter Markt«
1380-1433	Petrus von Rosenheim: Poet, Reformer und Staatsmann
1444	»Pflasterzoll«
1478	Anschüttrecht
1505	Recht des Salzweges
1508	Erste Marktordnung
1602	Rosenheim wird Pfarrsitz
1604	Niedere Gerichtsbarkeit
1641	Der große Stadtbrand
1648	Schwedeneinfall
1700	Gründung eines Bades
1717	Rosenheimer Messinghammer
1742	Österreichische Truppen besetzen und brandschatzen den Markt
1744	Pandureneinfall
1745	Schloss Rosenheim wird abgebrochen
1810	In der königlichen Saline wird das erste Salz gesotten
1811	Erste Bogenbrücke über den Inn
1837	Eingemeindung der Landgemeinde Roßacker
1857	Erster Eisenbahnzug in Rosenheim
1864	Markt Rosenheim wird Stadt
1870	Rosenheim wird »unmittelbare Stadt«
1913	Eingemeindung der Ortschaft Fürstätt
1925	Gründung Holztechnikum Rosenheim
1967	Eingemeindung von Happing
1970	Fertigstellung des Hans-Klepper-Hallenbades
1971	Gründung der Fachhochschule
1978	Eingemeindung von Aising, Pang und Westerndorf St. Peter
1982	Eröffnung der Stadthalle (jetzt Kultur + Kongress Zentrum KU'KO)
1984	Eröffnung der Fußgängerzone
1988	Eröffnung des Ausstellungszentrums Lokschuppen
1990	Eröffnung Holztechnisches Museum
1995	Elektrotechnik an der Fachhochschule, Anwendungszentrum für Holz- u. Kunststofftechnik
2002	Amtsantritt Oberbürgermeisterin Gabriele Bauer als Nachfolgerin von Dr. Michael Stöcker
2010	Landesgartenschau in Rosenheim
2014	Stadtjubiläum – 150 Jahre Stadterhebung

Anlage 5

Dienstvereinbarung Telearbeit vom 1.9.2011

Die Stadt Rosenheim - vertreten durch Oberbürgermeisterin Gabriele Bauer -

und der örtliche Personalrat der Stadtverwaltung Rosenheim - vertreten durch den Vorsitzenden Wolfgang

Tschentscher -

schließen gemäß Art. 73 i.V.m. Art. 75 Abs. 4 Ziff. 1 BayPVG folgende

DIENSTVEREINBARUNG TELEARBEIT (DV-TELEA)

Präambel

Die Stadt Rosenheim und ihr Personalrat haben das Anliegen, sich den abzeichnenden Veränderungen

und Anforderungen an ein modernes Dienstleistungsunternehmen gemeinsam zu stellen. Sie wollen neue

Möglichkeiten des Personaleinsatzes unter Beachtung der gültigen Vorschriften und des vorhandenen

Bedarfs schaffen und damit einen Teil des Weges zum modernen Dienstleistungsunternehmen gemeinsam

gestalten.

Telearbeit wird sowohl als Möglichkeit für Unternehmen und Einrichtungen des

öffentlichen Dienstes gesehen, die Arbeitsorganisation zu modernisieren, wie

auch als Möglichkeit für die Arbeitnehmerinnen und -nehmer, Berufstätigkeit

und soziales Leben in Einklang zu bringen sowie eine größere Selbstständigkeit bei der Erfüllung ihrer

Aufgaben zu erreichen.

1 Begriffsdefinition, Geltungsbereich

1.1 Telearbeit nach dieser Dienstvereinbarung ist die in Absprache mit der Dienststelle teilweise an der

betrieblichen und teilweise an der häuslichen Arbeitsstätte (Nr. 5) zu leistende Arbeit (alternierende

Telearbeit), welche durch Informationstechnik unterstützt wird. Telearbeit setzt die vorherige Zustimmung

der betreffenden Mitarbeiterin bzw. des Mitarbeiters voraus. Der Status als Beschäftigte/Beschäftigter bzw.

Beamtin/Beamter wird durch Telearbeit nicht berührt.

1.2 Diese Dienstvereinbarung gilt für alle bei der Stadtverwaltung der Stadt Rosenheim tätigen

Mitarbeiterinnen und Mitarbeiter. Die Telearbeit steht nach entsprechender Einarbeitung an der

betrieblichen Arbeitsstätte auch Dienstkräften offen, die aus der Beurlaubung zurückkehren wollen.

1.3 Abweichungen von dieser Dienstvereinbarung sind zu Gunsten Behinderter oder zu Gunsten von

Personen, die Schwerbehinderten gleichgestellt sind, möglich.

1.4 Diese Dienstvereinbarung gilt nicht

1. für Auszubildende, Praktikanten, Volontäre, Beamtinnen und Beamte

im Beamtenverhältnis auf Widerruf,

2. für Dienstkräfte, soweit sie den Arbeitszeitregelungen des Lehrdienstes unterliegen.

Die Gewährung eines Zugriffs auf das stadteigene Mail- und Kalendersystem von zu Hause aus wird nur Führungskräften bzw. in begründeten Einzelfällen anderen Mitarbeiterinnen und Mitarbeitern gewährt. Dieser Zugriff stellt keine Telearbeit im Sinne dieser Dienstvereinbarung dar und fällt insoweit nicht unter die Regelungen dieser Dienstvereinbarung.

1.5 Im Rahmen dieser Dienstvereinbarung treffen die Dezernate in Absprache mit den Ämtern die Entscheidung, bei welchen Ämtern und Sachgebieten, bei welchen Mitarbeiterinnen oder Mitarbeitern und in welchem Umfang Telearbeit möglich ist. Ein Anspruch auf einen Telearbeitsplatz besteht nicht. Der Personalrat ist bei der Entscheidung einzubeziehen.

2 Beteiligung des Personalrats

Beim Wechsel von Mitarbeiterinnen oder Mitarbeitern auf einen Telearbeitsplatz wird der Personalrat nach den Regelungen des Bayerischen Personalvertretungsgesetzes beteiligt. Bei einer Auflösung oder einem Widerruf wird der Personalrat benachrichtigt.

3 Eignung von Aufgaben für Telearbeit

Grundsätzlich geeignet sind Aufgaben bzw. Beschäftigungsverhältnisse, die ohne Beeinträchtigung des Dienstablaufs und des Kontakts zur betrieblichen Arbeitsstätte die teilweise Verlagerung der Tätigkeit an einen häuslichen Arbeitsplatz ermöglichen.
Eine Beeinträchtigung des Dienstablaufs liegt in der Regel vor,

1. wenn eine ständige Anwesenheit wegen Ad-hoc-Entscheidungen oder aus anderen Gründen erforderlich ist,

2. bei Bereichen, mit intensivem nicht planbarem Publikumsverkehr,

3. bei Assistenz- und Servicefunktionen mit mehr als 50 % dieser Tätigkeit (z.B. Vorzimmerkräfte, persönliche Mitarbeiter-/innen, DV-Anwenderbetreuung, Registraturen, Botendienst, Hausmeister, Ein-/Auslaufstellen),

4. wenn ein häufiger, nicht auf bestimmte planbare Zeiten beschränkter Zugriff auf zentrale Ressourcen notwendig ist (z.B. Lager, Werkstatt, Registratur),

5. bei der Feuerwehr, ILS

6. bei der Kommunalen Verkehrsüberwachung im Außendienst,

7. bei Kassenkräften,

8. beim Erziehungsdienst.

4 Persönliche Eignung

Die Zulassung zur Telearbeit setzt voraus, dass die Dienstkraft

1. eine mindestens zweijährige Berufserfahrung bei der Stadt Rosenheim aufweist und

2. im Rahmen der Aufgabenstellung die Fähigkeit zu selbständigem und eigenverantwortlichem Arbeiten bewiesen hat und

3. IT-technische Kenntnisse sowie Kenntnisse zum Datenschutz und zur Datensicherheit (ggf. nach einer Fortbildung bzw. entsprechend Vorgehensanleitung der EDV) hat, die den Betrieb des häuslichen Arbeitsplatzes ermöglichen.

5 Anforderungen an den betrieblichen/häuslichen Arbeitsplatz, Zutrittsrecht

5.1 Während der Zeiten, in denen Telearbeitskräfte an der betrieblichen Arbeitsstätte arbeiten, erhalten sie einen geeigneten betrieblichen Arbeitsplatz zur Verfügung gestellt. Ein Anspruch auf den bisherigen persönlichen Arbeitsplatz besteht nicht.

5.2 Der häusliche Arbeitsplatz muss sich in einem Raum befinden, der für den dauernden Aufenthalt zugelassen und vorgesehen sowie für die Aufgabenerledigung unter Berücksichtigung der allgemeinen Arbeitsplatzanforderungen geeignet ist.
Telefon, PC mit Drucker und geeignete Internetanbindung müssen vorhanden sein und von der Telearbeitskraft selbst eingerichtet und gewartet werden.

5.3 Zur Einhaltung der Arbeitsschutzbestimmungen erfolgt die Endabnahme des häuslichen Arbeitsplatzes durch die Fachkräfte für Arbeitssicherheit/Arbeitsmedizin. Dem Personalrat wird die Möglichkeit eingeräumt, an der Begehung teilzunehmen.

5.4 Dem Datenschutzbeauftragten, dem IT-Sicherheitsbeauftragten und Beauftragten des Dienstherrn/Arbeitgebers wird in begründeten Fällen von der Telearbeitskraft ein Zutrittsrecht eingeräumt.
Dies gilt auch für Beauftragte des Dienstherrn/Arbeitgebers, die gesetzlich geregelte Kontrollrechte ausüben.

5.5 Der Zutritt zur Wohnung in den Fällen nach Nr. 5.3 und 5.4 ist rechtzeitig anzukündigen und nur mit Zustimmung der Dienstkraft möglich. Die Verweigerung dieses Zutritts hat die Beendigung der Genehmigung zur Telearbeit mit sofortiger Wirkung zur Folge.

6 Schriftliche Vereinbarung

6.1 Die Einrichtung des konkreten häuslichen Arbeitsplatzes erfolgt aufgrund einer schriftlichen Vereinbarung zwischen Personalamt und Mitarbeiterin/Mitarbeiter nach Maßgabe der Anlage „Vereinbarung über alternierende Telearbeit" zu dieser Dienstvereinbarung.

6.2 Der Antrag auf Einrichtung von Telearbeit (siehe Anlage) ist über die jeweiligen Vorgesetzten an das Personalamt zu richten. Dort wird in Abstimmung mit dem Hauptamt Sachgebiet Steuerungsunterstützung/Organisation und der EDV (positive IT-Stellungnahme Voraussetzung) über den Antrag entschieden.

Mit dem Antrag sind Ausführungen zur

* Eignung der Stelle (vgl. Ziffer 3),
* zur Eignung der Mitarbeiterin oder des Mitarbeiters (vgl. Ziffer 4),
* der benötigten Softwareanwendungen und
* zu den voraussichtlichen Kosten

zu machen.

Grundsätzlich werden von der EDV nur die Standardanwendungen (Outlook, Microsoft Office, ASES) serverbasiert zur Verfügung gestellt. Die Bereitstellung von Fachanwendungen muss im Einzelfall geprüft werden. Ist eine Bereitstellung der Fachanwendungen nicht möglich, muss vom Antragssteller bzw. von dessen Amtsleiter geprüft werden, ob die Telearbeit unter diesen Voraussetzungen noch sinnvoll durchgeführt werden kann.

7 Arbeitszeit

7.1 Für die Arbeitszeit der Dienstkraft mit Telearbeit gelten die Regelungen der DV-Arbeitszeit der Stadt Rosenheim in der jeweiligen Fassung, soweit nachstehend nichts anderes bestimmt ist.
Die Regelungen des Arbeitszeitgesetzes und des Tarifvertrages TVöD bzw. des Dienstrechts sind im Hinblick auf die täglich zulässigen Höchstarbeitszeiten auch bei der Telearbeit einzuhalten. Gleiches gilt für arbeitszeitrechtliche Schutzbestimmungen, die sich in anderen Gesetzen finden, z. B. das Verbot von Mehrarbeit nach dem Mutterschutzgesetz sowie Sonn- und Feiertagsruhe.

Anlage 5

7.2 Abweichend von Ziffer 10 DV-Arbeitszeit sind Beginn und Ende der täglichen Arbeitszeit, die am häuslichen Arbeitsplatz verbracht wird, durch die Online-Zeiterfassung im elektronischen Zeiterfassungssystem (ASES) lückenlos zu erfassen. Die Erfassung kann gemäß den Richtlinien der DV-Arbeitszeit durch den Vorgesetzten/die Vorgesetzte überprüft werden.

7.3 Die für die Dienstkraft geltende wöchentliche Arbeitszeit ist im Rahmen der Vereinbarung nach Ziffer 6.1 zwischen dem häuslichen Arbeitsplatz selbstbestimmte Arbeitszeit) und dem betrieblichen Arbeitsplatz betriebsbestimmte Arbeitszeit) aufzuteilen. Die Aufteilung ist mit dem/der unmittelbaren Vorgesetzten abzustimmen. Unterschiedliche tägliche Sollarbeitszeiten sind zulässig. Fehlt es an einer solchen Aussage, gilt die Rahmenzeit nach Ziffer 3 DV-Arbeitszeit. Die Vereinbarung soll auch Aussagen über die gegenseitige Erreichbarkeit enthalten.

7.4 Der Arbeitszeitanteil, der am betrieblichen Arbeitsplatz zu erbringen ist, beträgt mindestens 30% der individuell vereinbarten durchschnittlichen Wochenarbeitszeit. Es ist sicherzustellen, dass der soziale Kontakt zu den Beschäftigten innerhalb der Dienststelle aufrechterhalten bleibt und dienstliche Interessen nicht beeinträchtigt werden.

7.5 Wenn die zugewiesene Arbeit erkennbar nicht im Rahmen der gesetzlichen, tariflichen oder arbeitsvertraglichen Arbeitszeit erledigt werden kann, sind rechtzeitig Überstunden/Mehrarbeitsstunden zu beantragen. Die nachträgliche Genehmigung von Überstunden/Mehrarbeit ist grundsätzlich ausgeschlossen (vgl. Ziffer 7 DV-Arbeitszeit).
Über- und Mehrarbeitsstundenvergütungen sowie tarifliche Zeitzuschläge werden nach Genehmigung entsprechend der DV-Arbeitszeit abgerechnet (vgl. Ziffer 10 DV-Arbeitszeit).

7.6 Bei Systemstörungen hat die Telearbeitskraft die technische Störung im Bereich des häuslichen Arbeitsplatzes unverzüglich dem/der Vorgesetzten anzuzeigen und das weitere Vorgehen abzustimmen. Führt die technische Störung dazu, dass die Arbeitsleistung am häuslichen Arbeitsplatz nicht erbracht werden kann, kann die Stadt Rosenheim verlangen, dass die Arbeitsleistung im Betrieb erbracht wird.

8 Arbeitsmittel

8.1 Die notwendigen Arbeitsmittel für den häuslichen Arbeitsplatz werden für die Zeit dessen Bestehens von der Stadt kostenlos zur Verfügung gestellt, installiert und gewartet. Der Transport erfolgt ebenfalls durch die Stadt. Die notwendigen Kosten trägt das jeweilige Amt. Die Aufstellung des PCs und dessen Anbindung ans Netz am Heimarbeitsplatz erfolgt ohne „Vor – Ort - Hilfe" der EDV durch den Mitarbeiter / die Mitarbeiterin selbst.

Anlage 5

Notwendige Arbeitsmittel in diesem Sinne sind:

1. der von der EDV zur Verfügung gestellte Token zur Generierung der erforderlichen TAN-Nummern, inkl. Zugangssoftware

2. geeignetes Mobiliar

3. verschließbarer Schrank/Schublade o. ä.

4. für den Transport von dienstlichen Unterlagen geeigneter, verschließbarer Koffer. Sonstige privat vorhandene geeignete Arbeitsmittel können auf Wunsch der Dienstkraft verwendet werden, wenn der Datenschutzbeauftragte, der IT-Sicherheitsbeauftragte und die Fachkraft für Arbeitssicherheit dem zustimmen.

8.2 Arbeitsmittel, die von der Stadt zur Verfügung gestellt werden, dürfen nicht für private Zwecke genutzt werden. Sie sind vor dem Zugriff Dritter zu schützen. Die Arbeitsmittel verbleiben im Eigentum der Stadt Rosenheim. Insbesondere der Token ist in Zeiten der Nichtbenutzung zu verschließen.

8.3 Die Kosten für die notwendigen Büroverbrauchsmittel (z. B. Papier, Schreibmaterial, Druckerpatronen) für den häuslichen Arbeitsplatz werden von der Stadt pauschal erstattet (siehe Punkt 9).

9 Aufwandserstattung

Der Telearbeitskraft wird im Zusammenhang mit dem Unterhalt der häuslichen Arbeitsstätte ein pauschaler Aufwand für anteilige Miet-, Energie-, Telefon, Internet- und sonstigen Kosten erstattet. Die pauschale Aufwandserstattung inkl. Nutzung des privaten PCs mit Drucker beträgt 19 € monatlich, wenn an einem Tag pro Woche Telearbeit geleistet wird. Sie erhöht sich um jeden weiteren Tag pro Woche entsprechend.

10 Versicherungsschutz/Haftung

10.1 Der gesetzliche Unfallversicherungsschutz bestimmt sich nach den jeweils geltenden gesetzlichen Regelungen.

10.2 Die Haftung richtet sich nach den jeweils geltenden tarifvertraglichen, gesetzlichen und betrieblichen Haftungsbestimmungen.

10.3 Ziffer 10.2 gilt entsprechend für ständig im Haushalt der Telearbeitskraft lebende Personen sowie sich berechtigt im Haushalt aufhaltende Dritte.

10.4 Die Telearbeitskraft wird darüber unterrichtet, dass gegebenenfalls ihre Hausratversicherung über die Einrichtung des Telearbeitsplatzes und die zur Verfügung gestellten Arbeitsmittel in geeigneter Form zu informieren ist.

11 Datenschutz und Datensicherheit

11.1 Die Verarbeitung von besonders sensiblen Personaldaten ist auch bei Verschlüsselung ausgeschlossen. Die Prüfung der Zulässigkeit obliegt im Einzelfall den Dezernaten unter Hinzuziehen des Datenschutzbeauftragten der Stadt zusammen mit dem Personalrat.

11.2 Über die Zulässigkeit der Verarbeitung von anderen sensiblen Daten wie z. B. Melde- und Personenstandsdaten, Steuerdaten, Sozialdaten entscheiden die Dezernate unter Hinzuziehen des Datenschutzbeauftragten.

11.3 Der Transport der dienstlichen Unterlagen zwischen betrieblicher Arbeitsstelle und häuslicher Arbeitsstätte erfolgt persönlich durch die Dienstkraft. Ein unbeaufsichtigtes Liegenlassen bzw. eine Weitergabe an Dritte (auch Familienangehörige) ist unzulässig.

11.4 Akten sollen nicht länger in der Wohnung aufbewahrt werden, als es zur Bearbeitung erforderlich ist. Nach abgeschlossener Bearbeitung sind sie deshalb sofort an die Stadt zurückzugeben.

11.5 Zur häuslichen Arbeitsstätte dürfen Vorgänge nur in dem Umfang transportiert werden, wie dies für eine Bearbeitung bis zum nächsten betrieblichen Arbeitstag notwendig ist. Beim Transport der Unterlagen ist auf die Benutzung verschließbarer Behältnisse zu achten. Der Transport erfolgt persönlich durch die Telearbeitskraft.

11.6 Die Telearbeitskraft ist dafür verantwortlich, dass während des Transportes und während der Bearbeitung an der häuslichen Arbeitsstätte sich andere Personen keine Kenntnis vom Inhalt der dienstlichen Unterlagen verschaffen können.

11.7 Vertrauliche Daten und Informationen sowie Passworte bzw. der Token, mit denen auf die betrieblichen Datenbestände zugegriffen werden kann, sind so zu schützen, dass Dritte davon keine Kenntnis nehmen können. Die Aufbewahrung der dienstlichen Unterlagen und des Token hat in verschlossenen Behältnissen zu erfolgen.

11.8 Die Authentisierung am städtischen Netz erfolgt durch die richtige Kombination aus Benutzerkennung, Passwort und Passcode des Tokens. Jeder Zugriff auf das Netzwerk wird automatisch protokolliert.

Eine Auswertung der Daten kann jederzeit für folgende Zwecke erfolgen:

- Gewährleistung der Systemsicherheit,
- Steuerung und Lastenverteilung im Netz und Optimierung des Netzes,
- Analyse und Korrektur von technischen Fehlern und Störungen,
- Reaktion bei Verdacht,
- eines Verstoßes gegen diese Dienstvereinbarung,
- einer strafbaren Handlung,
- eines datenschutzrechtlichen Verstoßes.

11.9 Dienstliche Daten dürfen nicht aus dem städtischen Netz auf den privaten PC übertragen werden (z.B. per E-Mail).
.

11.10 Für die Sicherheit der Internetanbindung und den Schutz des lokalen PCs (Internetattacken, Verschlüsselung, Firewall, Virenscanner, WLAN etc.) ist die Telearbeitskraft selbst- und eigenverantwortlich zuständig. Die EDV steht zur Hilfestellung telefonisch während der Dienstzeiten zur Verfügung.

12 Fortbildungsangebot/Benachteiligungsverbot

12.1 Beschäftigte mit zusätzlichem häuslichen Arbeitsplatz haben in gleicher Weise Zugang zu Fortbildungsmaßnahmen wie Beschäftigte ohne zusätzlichem häuslichen Arbeitsplatz.

12.2 Wegen der Teilnahme an Telearbeit dürfen die jeweiligen Beschäftigten/Bediensteten in ihrem beruflichen Fortkommen nicht benachteiligt werden. Sie sind in die Personalentwicklung des Dienstherrn/ Arbeitgebers zu integrieren.

13 Verhaltens- und Leistungskontrolle

Eine Verhaltens- und Leistungskontrolle durch Auswertung der zur Verfügung gestellten Arbeitsmittel (Ziffer 8) und der automatisch erzeugten Rechenzentrumsprotokolle ist unzulässig.

14 Verkürzung der Genehmigung von Telearbeit in Notfallsituationen *)

In einer Notfallsituation (z.B. bei längerer Erkrankung eines Kindes oder kurzfristiger Pflege eines Angehörigen etc.), die eine schnelle Entscheidung verlangt, kann der Amtsleiter in Absprache mit dem Dezernenten den Telearbeitsplatz bewilligen und das Genehmigungsverfahren zeitgleich einleiten. Der / die Amtsleiter/in hat bei seiner Entscheidung insbesondere auch die unter Nr. 11 der DV Telearbeit genannten datenschutzrechtlichen Vorgaben zu berücksichtigen.

Anlage 5

15 Beendigung der Telearbeit

15.1 Die Beendigung der Telearbeit kann von der Telearbeitskraft mit einer Ankündigungsfrist von einem Monat zum Ende eines Kalendermonats gekündigt werden. Für die Stadt gilt eine Kündigungsfrist von drei Monaten zum Ende des Kalendermonats.

Die Kündigung erfolgt schriftlich.

15.2 Die Vereinbarung über Telearbeit endet, ohne dass es einer Kündigung bedarf, mit der Beendigung des Arbeitsverhältnisses, mit einem Stellenwechsel der Dienstkraft oder bei Aufgabe der Wohnung, in der die häusliche Arbeitsstätte eingerichtet ist. Die Aufgabe oder Kündigung der Wohnung, in der die häusliche Arbeitsstätte eingerichtet ist, ist unverzüglich anzuzeigen. Nach einem Wohnungswechsel kann unter den Voraussetzungen dieser Dienstvereinbarung eine erneute Einrichtung eines Telearbeitsplatzes erfolgen.

15.3 Die Vereinbarung über Telearbeit endet, ohne dass es einer Kündigung bedarf, wenn die Netzsicherheit durch den Telearbeitsplatz gestört wird.

15.4 Bei Aufgabe des Telearbeitsplatzes und Rückkehr in den Betrieb besteht für die Mitarbeitenden kein Anspruch auf den vor Beginn bzw. während der Telearbeit zugewiesenen bisherigen betrieblichen Arbeitsplatz.

15.5 Nach Aufgabe des häuslichen Arbeitsplatzes sind die bereitgestellten Arbeitsmittel (Ziffer 8) der Stadt zurückzugeben. Dies gilt auch auf Verlangen bei einer längerfristigen Freistellung von der Arbeit. Eventuell auftretende Schäden anlässlich des Abbaus und Abtransports der Arbeitsmittel am Eigentum der Telearbeitskraft oder am Eigentum Dritter im Zusammenhang mit der Aufgabe des häuslichen Arbeitsplatzes sind von der Stadt zu tragen.

15.6 Die sofortige Beendigung der Telearbeit aus wichtigem Grund bleibt für beide Seiten unbenommen.

16 Inkrafttreten, Kündigung

16.1 Diese Dienstvereinbarung tritt am 1.9.2011 in Kraft und löst die Dienstvereinbarung vom 1.3.2008 ab.

16.2 Die Dienstvereinbarung kann von beiden Seiten mit einer Frist von 3 Monaten zum Ende eines Kalendermonats schriftlich gekündigt werden. Die Einzelvereinbarungen bleiben davon unberührt.

16.3 Soweit einzelne Regelungen der Dienstvereinbarung aufgrund rechtlicher oder tariflicher Bestimmungen unwirksam sein sollten, wird die Wirksamkeit der Dienstvereinbarung im Übrigen nicht berührt. Dies gilt auch im Falle künftiger Rechtsänderungen.

Einzelne Bestimmungen können im gegenseitigen Einvernehmen jederzeit geändert oder ergänzt werden.

16.4 Diese Dienstvereinbarung wirkt bis zum Abschluss einer neuen Dienstvereinbarung nach.

Rosenheim, 2.8.2011

Gabriele Bauer

Oberbürgermeisterin

Wolfgang Tschentscher

Vorsitzender Personalrat

Anlage 6

Dienstvereinbarung über das betriebliche Eingliederungsmanagement bei der Stadt Rosenheim (DV BEM)

Die Stadt Rosenheim – vertreten durch Oberbürgermeisterin Gabriele Bauer**,**

die Stadtentwässerung – vertreten durch den Werkleiter Werner Willeitner**,**

der Baubetriebshof Rosenheim – vertreten durch den Werkleiter Werner Oeckler und

der Gesamtpersonalrat der Stadtverwaltung Rosenheim – vertreten durch die Vorsitzende Heidi Bauer,

schließen gemäß Artikel 73, 75 Absatz 4, Nummer 8 Bayerisches Personalvertretungsgesetz

im Einvernehmen mit der **Vertretung für Menschen** mit Behinderung – vertreten durch Christian Meixner,

folgende Dienstvereinbarung ab:

Dienstvereinbarung über das Betriebliche Eingliederungsmanagement bei der Stadt Rosenheim (DV BEM)

Inhaltsverzeichnis

Präambel

Anlagen:

Ablaufdiagramm unter O:\Infos\1_11\BEM\MA ist krank Stand 1.7.2013.pdf **sowie** O:\Infos\1_11\BEM\Gesprächsformen im Rahmen der DV BEM Ro 2013.doc

Präambel

Die vorliegende Vereinbarung ist in enger Anlehnung an die gesetzlichen Vorgaben zum Betrieblichen Eingliederungsmanagement (§ 84 Abs. 2 Sozialgesetzbuch IX) entwickelt worden. Die betriebliche Gesundheitsfürsorge der Stadt Rosenheim setzt jedoch sehr viel früher und umfassender ein.

Ziel dieser „Dienstvereinbarung BEM" ist es deshalb nicht nur, den konkreten Ablauf eines BEM-Verfahrens darzustellen, sondern auch die verschiedenen Maßnahmen zusammenzufassen, die die Stadt Rosenheim zum Teil bereits seit vielen Jahren durchführt, um die Gesundheit der Mitarbeiter/innen zu unterstützen und Krankheiten vorzubeugen.

Die Mitarbeiter/innen sind für ihre Gesundheit mitverantwortlich. Sie sind aufgefordert, durch eine gesundheitsbewusste Lebensführung, durch frühzeitige Beteiligung an gesundheitlichen Vorsorgemaßnahmen sowie durch aktive Mitwirkung an Krankenbehandlung und Rehabilitation beizutragen, den Eintritt von Krankheit und Behinderung zu vermeiden oder ihre Folgen zu überwinden (vergleiche auch § 1 Sozialgesetzbuch V).

Der Stadt Rosenheim ist die Fürsorge für die Mitarbeiter/innen ein wichtiges Anliegen. Sie hat deshalb für die Umsetzung des BEM eine eigene neutrale Stelle eingerichtet und eine BEM-Beauftragte bestellt.

Anlage 6

§ 1 Geltungsbereich

Diese Dienstvereinbarung über das Betriebliche Eingliederungsmanagement (DV BEM) gilt für alle Dienststellen der Stadtverwaltung einschließlich Mädchenrealschule und Eigenbetriebe.

Sie gilt nicht für die Beteiligungen der Stadt. Diese können sie ganz oder teilweise für anwendbar erklären.

§ 2 Ziele

(1) Ziele dieser Dienstvereinbarung sind,

a. die Gesundheit, Arbeitszufriedenheit und damit die Leistungsfähigkeit aller Beschäftigten zu erhalten und zu fördern;

b. die Gesundheit der Mitarbeiter/innen durch Präventionsmaßnahmen positiv zu beeinflussen, dabei sollen sowohl die Arbeitsbedingungen wie auch das Verhalten berücksichtigt werden;

c. das Engagement der Führungskräfte für die Gesundheitsförderung und Integration der Mitarbeiter/innen einzufordern sowie ihre Führungskompetenzen und ihr Verantwortungsbewusstsein zu fördern;

d. das Engagement und die Eigenverantwortung aller Beschäftigten für die eigene Gesundheit einzufordern und zu unterstützen;

e. krankmachende Faktoren am Arbeitsplatz möglichst frühzeitig zu erkennen und diesen entgegen zu wirken;

f. die gesetzliche Verpflichtung des Arbeitgebers nach § 84 Abs. 2 Sozialgesetzbuch IX zu erfüllen.

(2) Alle Führungskräfte tragen eine besondere Verantwortung für das Gelingen der betrieblichen Gesundheitsfürsorge. Sie werden von allen Beteiligten bei ihrer Aufgabe in geeigneter Form unterstützt. Eine partnerschaftliche Führungs- und Gesprächskultur ist dabei besonders wichtig.

(3) Soziale Kontakte am Arbeitsplatz können auch in der Zeit der Krankheit stabilisierend und unterstützend wirken. Deshalb sollen sowohl Führungskräfte wie auch die Kolleginnen und Kollegen den Kontakt mit Erkrankten aufrechterhalten, sofern diese es wünschen.

§ 3 Fürsorgliche und präventive Maßnahmen

Die Stadt Rosenheim bietet seit vielen Jahren ein umfangreiches Programm zur Gesundheitsförderung und Prävention an. Es setzt sich aus folgenden Bausteinen zusammen, die noch weiter ausgebaut werden können.

1. Der Stadt Rosenheim ist die Beteiligung ihrer Mitarbeiter/innen bei der Entwicklung des Gesamtkonzerns ein großes Anliegen. Sie lädt ihre Mitarbeiter/innen deshalb zur Mitgestaltung ein: u.a. in regelmäßigen Mitarbeiterbesprechungen, in Workshops, bei Mitarbeiterbefragungen, Mitarbeit bei der Mitarbeiterzeitung.

2. Die Stadt bietet ihren Mitarbeiter/innen geeignete Maßnahmen zur Prävention und Gesundheitsförderung an, wie z.B.:

   a. Betriebssport

   b. Gesundheitsförderungsangebote (z.B. Pilates, Rückenschule, Frühstücksaktion, „Gesunde Augen", „Gesund gefördert" – über die VHS)

   c. Fortbildungsmaßnahmen für Mitarbeiter/innen sowie Vor-Ort-Seminare

3. laufende Arbeit am Betriebsklima zum Beispiel durch Dezernatsfeste, Personalversammlungen, Weihnachtpunsch sowie viele kleine ämterspezifische Maßnahmen, Betriebsausflüge (vom Personalrat organisiert und von der Stadt subventioniert)

4. Transparenz in der Kommunikation (z.B. Mitarbeiterzeitung, regelmäßige Besprechungen der Vorgesetzten mit ihren Mitarbeiter/innen, Intranet)

5. Gesprächskultur

   (a) Das Mitarbeiterjahresgespräch ist seit 1998 zentraler Bestandteil der Mitarbeiterführung der Stadt Rosenheim und soll weitergeführt werden.

   (b) Das Informations-, das Fürsorge- und das Fehlzeitengespräch und die daraus resultierenden Maßnahmen sind zentraler Bestandteil des betrieblichen Eingliederungs- und Gesundheitsmanagements bei der Stadt Rosenheim. Sie sind in § 4 sowie in der Anlage näher beschrieben.

6. Möglichkeit zur individuellen bzw. gruppenweisen Beratung (Supervision, Einzel- und Gruppencoaching)

7. Individuelle Betreuung im Krankheitsfall

   Das Hauptanliegen der individuellen Betreuung ist es, den Kontakt zwischen länger erkrankten Mitarbeiter/innen und dem Betrieb, insbesondere den Führungskräften und Kolleginnen/en, nicht abreißen zu lassen bzw. alles zu unternehmen, um den Mitarbeitern/innen eine frühzeitige und der jeweiligen Situation angepasste Rückkehr an ihren Arbeitsplatz zu ermöglichen.

8. Führungskultur

   (a) Stärkung der Führungsverantwortung

   Die Stärkung der Führungsverantwortung wird durch eine möglichst dezentrale Verantwortung erreicht.

   (b) Führungsleitlinien

   Die Führungsleitlinien (erstmals 1998, überarbeitet 2007) dienen den Führungskräften und Mitarbeiter/innen als Handlungs- und Orientierungshilfe. Sie stärken den partnerschaftlichen Umgang und fördern die Zusammenarbeit innerhalb der Stadt. Sie dienen auch der gezielten Gesundheitsvorsorge.

   (c) Verantwortung der Führungskräfte

   Führungskräfte haben in der Gesundheitsprävention eine besondere Verantwortung. Sie sind verpflichtet, sich über die Inhalte der Dienstvereinbarung und die Beratungsangebote zu informieren und diese situationsgerecht und personenorientiert anzuwenden. Die Stadt unterstützt sie dabei in geeigneter Weise.

   Die Führungskräfte gewährleisten vorbeugend durch arbeitsorganisatorische Maßnahmen sowie durch Überprüfung von Tätigkeiten, dass von der Arbeit keine Gesundheitsbeeinträchtigungen ausgehen (siehe dazu auch „Dienstanweisung Sicherheit und Gesundheitsschutz").

9. Betrieblicher Gesundheitsschutz

   Arbeitsmedizinische Untersuchungen, Arbeitsplatzbegehungen und Gefährdungsbeurteilungen etc. können Hinweise zur Entwicklung von Maßnahmen im Rahmen des betrieblichen Gesundheitsschutzes geben (siehe dazu auch „Dienstanweisung Sicherheit und Gesundheitsschutz").

   Die Stadt Rosenheim hat einen Arbeitsschutzausschuss (ASA) eingesetzt. Dieser berät u.a. darüber wie Unfall- und Gesundheitsgefährdungen begegnet werden kann.

10. Psychosoziale Beratung und Suchtprävention

Die Stadt Rosenheim bietet ihren Mitarbeitern/innen ergänzend zur arbeitsmedizinischen Betreuung und Beratung eine kostenfreie Beratung zur psychischen und sozialen Gesundheit sowie zur Suchtberatung an.

Die Stadt Rosenheim hat einen Arbeitskreis Sucht eingesetzt. Er setzt die Inhalte der „Dienstanweisung Sucht und Suchtmittelmissbrauch sowie über die Psychosoziale Beratung" um.

11. Personalmanagement

Das Personalamt unterstützt dabei, Mitarbeiter/innen an für sie geeigneten Arbeitsstellen einzusetzen. Außerdem bietet es Möglichkeiten zur individuellen Fort- und Weiterbildung.

Die bestehenden Arbeitszeitregelungen und die Vermeidung von Benachteiligungen und Belästigungen nach dem Allgemeinen Gleichbehandlungsgesetz sind ebenfalls so zu gestalten, dass sie die psychische und soziale Gesundheit unterstützen.

§ 4 Gesundheitsförderliche Gespräche

Die Führungskräfte haben in der Regel den schnellsten und direktesten Kontakt zu ihren Mitarbeiter/innen. Sie sollen im Rahmen ihrer Fürsorgepflicht unter Berücksichtigung dienstlicher Belange **gesundheitsförderliche Gespräche** mit den Mitarbeiter/innen führen.

Informations-, Fürsorge- und BEM-Gespräche werden in der Regel von den unmittelbaren Vorgesetzten geführt. Das BEM-Gespräch im Sinne des § 84 Abs. 2 SGB IX kann auf Wunsch der Betroffenen auch mit der/dem BEM-Beauftragten geführt werden.

Die Gespräche haben in der Regel folgende Formen (siehe auch Übersicht in der Anlage)

1. Das **Informationsgespräch** soll von der Führungskraft bzw. Kolleginnen oder. Kollegen (formlos) mit Mitarbeiter/innen geführt werden, wenn diese z.B. wegen Urlaub, Fortbildung oder Krankheit mindestens 14 Tage abwesend waren. Ziel ist, die Mitarbeiter/innen wieder gut in den Arbeitsprozess zu integrieren, sie auf den neuesten Stand zu bringen und ihre Motivation zu fördern.

2. Das **Fürsorgegespräch** gibt es in verschiedenen Formen. Es ist von den Führungskräften zu führen:

    a. als präventive Vorstufe zum BEM-Gespräch, wenn es auffällige Fehlzeiten (z.B. häufige Kurzfehlzeiten) gibt

    b. als gesetzliche Verpflichtung bei vielen Fehltagen (mehr als 6 Wochen in 12 Monaten im Sinne des § 84 Abs.2 Sozialgesetzbuch IX). Zu diesem **BEM-Gespräch** lädt die BEM-Beauftragte ein. Auf Wunsch der Betroffenen nimmt die Führungskraft teil.

    Ziel ist, in einem fürsorglichen Gespräch mögliche Ursachen zu klären und Hilfestellungen anzubieten. Dabei ist auch das Problembewusstsein für Fehlzeiten zu fördern. Außerdem soll die Vertrauensbasis zwischen Mitarbeiter/in und der Arbeitsstelle gestärkt werden.

    Bei längerer Erkrankung geht es v.a. darum, sich um die Beschäftigten zu kümmern, sie zu betreuen, ihren Einstieg zu erleichtern, betriebsbedingte Gründe für ihre Erkrankung zu erfahren und gemeinsam die Ursachen zu beseitigen.

3. Ein **Fehlzeitengespräch** ist dann zu führen, wenn Mitarbeiter/innen weiterhin erhöhte und auffällige Fehlzeiten zeigen und – ggf. trotz eingeleiteter Maßnahmen – weitere Schritte erforderlich sind. Es wird von den Dezernenten und Führungskräften unter Beteiligung des Personalamts geführt. Auf Wunsch werden Personalvertretung und BEM-Beauftragte oder weitere geeignete Personen hinzugezogen.

Ziel ist u.a. die Ermittlung von betrieblichen Ursachen für die Fehlzeiten, das Prüfen einer Dienst- oder Erwerbsunfähigkeit sowie das Prüfen weiterer Maßnahmen. In diesem Gespräch ist auch auf eine mögliche Arbeitsplatzgefährdung hinzuweisen.

§ 5 Die konkrete Umsetzung des BEM

(1) Gesetzliche Verpflichtung

Nach § 84 Abs. 2 Sozialgesetzbuch IX ist die Stadt Rosenheim als Arbeitgeber verpflichtet, mit Mitarbeiter/innen, die **innerhalb von 12 Monaten länger als sechs Wochen ununterbrochen oder wiederholt arbeitsunfähig** sind, zu klären

    a. wie die Arbeits- oder Dienstunfähigkeit überwunden werden kann,

    b. mit welchen Leistungen oder Hilfen einer erneuten Arbeits- oder Dienstfähigkeit vorgebeugt werden und

    c. wie der Arbeitsplatz erhalten werden kann.

(2) Die Stadt Rosenheim bietet ein betriebliches Eingliederungsmanagement (BEM) an.

Die/der BEM-Beauftragte lädt mit einem standardisierten Anschreiben erkrankte Mitarbeiter/innen zu einem BEM-Gespräch ein (Die Amtsleitung erhält einen Abdruck). Das BEM-Gespräch können sie mit ihren Führungskräften und/oder mit der/dem BEM-Beauftragten führen. Hierbei können - auch auf Wunsch der betroffenen Mitarbeiter/innen - weitere interne oder externe Stellen beteiligt werden.

Im BEM-Gespräch werden gemeinsam Lösungen entwickelt, die nach und nach umgesetzt werden. Der gesamte Prozess wird von der/dem BEM-Beauftragten begleitet, unterstützt und evaluiert.

(3) Maßnahmen im BEM:

Neben den fürsorglichen und präventiven Instrumenten, können u.a. auch folgende Maßnahmen im Rahmen der dienstlichen Möglichkeiten eingesetzt werden:

- Förderung der persönlichen Kompetenzen
- zeitlich befristetes Einzel- und Gruppencoaching
- Anpassung der Arbeitsinhalte und Arbeitsplatzorganisation
- Arbeitszeitreduzierung (z.B. wenn nicht mehr Vollzeit gearbeitet werden kann)
- Anpassung der Arbeitsmenge (z.B. Reduzierung/Erhöhung der Arbeitsmenge bei Überforderung/Unterforderung)
- Anpassung des Arbeitsplatzes (z.B. Spezialbürostuhl, Stehpult)
- stufenweise Wiedereingliederung (nach §74 Sozialgesetzbuch V), um nach und nach in den bisherigen Arbeitsprozess wieder hineinzuwachsen. Während der Wiedereingliederung sind Mitarbeiter/innen noch immer arbeitsunfähig. In dieser Zeit haben Führungskräfte kein uneingeschränktes Weisungsrecht.
- Umschulung/Qualifizierung (z.B. von handwerklicher Arbeit auf eine Verwaltungsarbeit oder umgekehrt)

(4) Zusammenarbeit mit externen Anbietern

Die Stadt nutzt auch externe Angebote um erkrankte Mitarbeiter/innen zu unterstützen wie z.B. Zusammenarbeit mit dem Berufsförderungswerk Kirchseeon, Krankenkassen, Rentenversicherungsträgern, Berufsgenossenschaften oder auch den Integrationsfachdienst.

(5) Freiwilligkeit und Zustimmung der betroffenen Person

Mitarbeiter/innen haben ein Recht auf BEM. Die Inanspruchnahme des BEM ist allerdings freiwillig.

Alle Gespräche und Maßnahmen im Rahmen des betrieblichen Eingliederungsmanagements nach § 84 Abs. 2 SGB IX setzen die Zustimmung der betroffenen Person voraus.

§ 6 Die/der BEM-Beauftragte

Die/der BEM-Beauftragte

- erfasst betroffene MitarbeiterInnen und lädt sie zum BEM-Gespräch ein
- ist beim Personalamt angesiedelt und hat eine neutrale Position. Mit ihr/ihm können Mitarbeiter/innen BEM-Gespräche führen.
- ist bezogen auf die BEM-Gespräche und das BEM-Verfahren weisungsfrei.
- ist zur Verschwiegenheit verpflichtet.
- unterstützt erkrankte Mitarbeiter/innen und ihre Führungskräfte.
- erfasst die BEM-Fälle bei der Stadt.
- unterstützt bei Koordinierungsgesprächen mit Führungskräften, Personalamt, BAD, Schwerbehindertenvertretung und Personalrat.
- bietet ein Controlling an, steuert und kontrolliert.

§ 7 BEM aus gesamtstädtischer Sicht

Die/der BEM-Beauftragte berichtet jährlich beim Arbeitsschutzausschuss (ASA) über die Erfahrungen mit dem BEM.
Das Gremium entwickelt aus den Erfahrungen heraus Ziele und Maßnahmen zur Gesundheitsförderung. In diese sollen auch Erfahrungen aus dem AK Sucht einfließen. Langfristig entsteht somit ein Gesundheitsmanagement.

§ 8 Datenschutz und Dokumentation

(1) Alle Gespräche im Rahmen des betrieblichen Eingliederungsmanagements unterliegen grundsätzlich dem Datenschutz. Sie werden (mit Ausnahme des Informationsgesprächs) schriftlich festgehalten und sind von allen am Gespräch teilnehmenden Personen zu unterzeichnen. Darüber ist der/die Beschäftigte jeweils vor dem Gespräch zu unterrichten. Die Führungskräfte oder der/die BEM-Beauftragte nehmen die Dokumentationen der Fürsorgegespräche unter Verschluss und bewahren sie so auf, dass kein Dritter Zugang hat. PC-Aufzeichnungen sind durch persönliches Kennwort besonders zu schützen. Eine Weitergabe des Kennworts ist unzulässig. Eine Datenfreigabe ist nur mit schriftlicher Zustimmung der Betroffenen möglich.

In der Personalakte wird vermerkt,

- dass betroffene Mitarbeiter/innen zum BEM-Gespräch eingeladen wurden und ob sie diesem zustimmen oder es ablehnen,
- welche Maßnahmen mit den Betroffenen vereinbart wurden (im Einzelfall kann die Vertraulichkeit der Maßnahmen eine Ausnahme erfordern),
- ob (und wie) die Maßnahmen umgesetzt wurden sowie
- wann das BEM-Verfahren abgeschlossen wurde.

Betroffene und die jeweils am Gespräch Beteiligten bekommen eine Kopie der entsprechenden Schreiben und Protokolle, außerdem im Rahmen des Controllings auch die/der BEM-Beauftragte, wenn sie/er die Gespräche nicht selbst führt. Der/ die Amtsleiter/in und sonstige Beteiligte können Einsicht nehmen.

(2) Drei Jahre nach Abschluss des betrieblichen Eingliederungsmanagements sind die Dokumentationen zum BEM-Gespräch bei den Führungskräften und bei der/dem BEM-Beauftragten zu vernichten. Dessen ungeachtet sind bei Dienststellenwechsel die Dokumentationen bei der „abgebenden Dienststelle" zu vernichten, sobald der Wechsel der betroffenen Mitarbeiter/innen erfolgt ist und die Stellenübertragung als endgültig anzusehen ist (nicht bei Übertragungen zur Erprobung etc.).

§ 9 Schlussvorschriften

(1) Die Verwaltungsleitung, der Personalrat und die Schwerbehindertenvertretung verpflichten sich, die Dienstvereinbarung im Einzelnen oder insgesamt neu zu fassen, wenn gesetzliche oder tarifliche Bestimmungen oder die Erfahrung aus der Praxis dies erfordern. Die Anlagen zum betrieblichen Eingliederungsmanagement in ihrer jeweiligen Fassung sind Bestandteil der Dienstvereinbarung.

(2) Diese Dienstvereinbarung tritt rückwirkend zum 1. April 2013 in Kraft und gilt bis auf weiteres. Sie kann mit einer Frist von drei Monaten zum Ende eines Kalenderjahres schriftlich gekündigt werden.
Im Falle einer Kündigung gilt diese Dienstvereinbarung bis zum Inkrafttreten einer neuen Dienstvereinbarung weiter.

(3) Der Inhalt dieser Dienstvereinbarung ist allen Beschäftigten in geeigneter Form (z.B. Rundschreiben, E-Mail, Aushang in den Dienststellen) bekannt zu geben.

(4) Sollten einzelne Bestimmungen dieser Dienstvereinbarung unwirksam oder nichtig sein oder werden, so berührt dies die Gültigkeit der übrigen Bestimmungen nicht.

(5) Die „Richtlinien Gesundheitsförderung und zur Reduzierung des Krankenstandes im Dienstleistungsunternehmen Stadt" von 2005 treten mit Beginn dieser Dienstvereinbarung außer Kraft.

Rosenheim,

Gabriele Bauer
Oberbürgermeisterin

Heidi Bauer
Gesamtpersonalratsvorsitzende

Werner Willeitner
Werkleiter Stadtentwässerung

Werner Oeckler
Werkleiter Baubetriebshof Rosenheim

Christian Meixner
Vertreter von Menschen mit Behinderung

Anlage 7

Führungsleitlinien

Stadtverwaltung Rosenheim
Eigenbetrieb Baubetriebshof
Eigenbetrieb Stadtentwässerung

1. Fortschreibung

Stand Oktober 2007

Stadt Rosenheim

Führungsleitlinien

6. Mit Kritik und Konflikten umgehen

Leitsätze und Zielvorstellungen

- WIR gehen offen und respektvoll miteinander um.
- WIR klären persönliche und fachliche Differenzen sachlich und fair.
- WIR sprechen Konflikte offensiv an und bearbeiten sie mit dem Ziel einvernehmlicher Lösungen.

Dies ist erreicht, wenn ICH als Führungskraft ...

... eine vertrauensvolle Atmosphäre schaffe, die Offenheit und Konfliktbewältigung zulässt.

... die Unterschiedlichkeit von Standpunkten anerkenne.

... mich bei der Beurteilung von fachlichen Konflikten am Wohl der Stadt und ihrer Bürgerinnen und Bürger sowie am Stadtleitbild und den Zielvereinbarungen orientiere.

... konstruktive Kritik einschließlich Lob und Tadel übe.

... meine Erwartungen gegenüber meinen Mitarbeiterinnen und Mitarbeitern deutlich ausspreche.

... kritische Hinweise meiner Mitarbeiterinnen und Mitarbeiter einfordere und in meinem Führungshandeln berücksichtige.

... Mut zum konstruktiven Widerspruch und Nein-Sagen habe.

Was nehme ich mir persönlich vor?

So führen wir in Rosenheim

Präambel

Für unsere gemeinsame Arbeit in der Verwaltung und im gesamten Dienst-leistungsunternehmen Stadt Rosenheim benötigen wir neben einer effektiven und transparenten Führungsstruktur auch ein weitgehend übereinstimmendes Verständnis von Führung. Dieser Grundgedanke liegt unseren Führungsleitli-nien zu Grunde, die wir nunmehr zum ersten Mal seit ihrer Einführung 1995 fortschreiben. Sie sollen uns Hilfestellung und Richtschnur dafür sein, dass wir unsere Führungskultur kontinuierlich weiterentwickeln.

An uns Führungskräften in der Verwaltung liegt es in besonderer Weise, wie sich Rosenheims Zukunft gestaltet. Wir sind Motor der Entwicklung und Ge-stalter der Zusammenarbeit innerhalb der Verwaltung, mit dem Stadtrat und den Bürgerinnen und Bürgern. Gemeinsam mit unseren Kolleginnen und Kol-legen wollen wir Erfolge für Rosenheim erzielen. Dabei müssen wir uns be-wusst sein, dass wir in unserer Führungsverantwortung auch als Teil des Ar-beitgebers handeln mit dem Ziel, die Qualität unserer Dienstleistungen insbe-sondere für die Bürgerinnen und Bürger unserer Stadt stetig zu verbessern.

Dazu ist es notwendig, die Potenziale aller Mitarbeiterinnen und Mitarbeiter optimal zur Entfaltung zu bringen und systematisch zu fördern. Durch ein ver-trauensvolles Betriebsklima, moderne Arbeitsplätze und gezielte Gesund-heitsvorsorge wollen wir sicherstellen, dass möglichst alle ihre Aufgaben kompetent und zufrieden erledigen können. In diesem für uns wichtigen Pro-zess sind unsere Personalvertretungen mitgestaltende und mitverantwortliche Partner.

Die Führungsleitlinien sind als Verhaltenskodex zu verstehen, der von den Mitarbeiterinnen und Mitarbeitern eingefordert werden kann. Damit sollen sie auch der Verbesserung des Betriebsklimas dienen. Jede Führungskraft sollte sich den Führungsleitlinien persönlich verpflichtet fühlen und ihr Handeln dar-an ausrichten. Die Umsetzung unseres gemeinsamen Führungsverständnis-ses im Alltag ist ein Anreiz für unsere persönliche Entwicklung und eine Mög-lichkeit für die Entdeckung neuer Potentiale. Unsere Ideen, unser Engage-ment und unsere Tatkraft sind gefragt!

Die Führungsleitlinien wurden auf der Basis der Ergebnisse aus den Führungskräfteworkshops 2005 und 2006 von einem Redaktionsteam erarbeitet unter enger Abstimmung mit allen Füh-rungskräften der Verwaltung.

5. Unterstützen, Fördern, Qualifizieren

Leitsätze und Zielvorstellungen

- WIR unterstützen und fördern die eigenverantwortliche Entwicklung und Qualifizierung unserer Mitarbeiterinnen und Mitarbeiter.
- WIR sehen unsere Mitarbeiterinnen und Mitarbeiter nicht nur als Arbeits-kräfte, sondern als individuelle Persönlichkeiten.

Dies ist erreicht, wenn ICH als Führungskraft …

… in meinem Verantwortungsbereich gute Rahmenbedingungen für den Arbeitserfolg und die Entwicklung meiner Mitarbeiterinnen und Mitar-beiter schaffe.

… einfordere, dass Kenntnisse und Fertigkeiten aus Fortbildungen in die Arbeit eingebracht und dort umgesetzt werden.

… die Balance zwischen beruflichem und privatem Umfeld meiner Mit-arbeiterinnen und Mitarbeiter wichtig nehme, ihre individuellen Be-dürfnisse im Rahmen der betrieblichen Möglichkeiten respektiere und eventuell notwendige Maßnahmen ergreife.

… Rückkehrgespräche als originäre Aufgabe sehe und sie als fürsorgli-ches Gespräch im Sinne der „Richtlinien zur Gesundheitsförderung und zur Reduzierung des Krankenstandes" führe.

Was nehme ich mir persönlich vor?

1. Unser Führungsverständnis

Leitsätze und Zielvorstellungen

- WIR identifizieren uns mit unserer Führungsrolle.
- WIR sind uns unserer Verantwortung für unsere Mitarbeiterinnen und Mitarbeiter, für eine effiziente, bürgerfreundliche Aufgabenerfüllung sowie für ein konstruktives Zusammenwirken innerhalb der Verwaltung und mit dem Stadtrat bewusst.
- WIR achten auf die Auswirkungen unseres Handelns.
- WIR verstehen unsere Stadtverwaltung als ein Team, in dem unterschiedliche Sichtweisen erwünscht sind und Lösungen gemeinsam getragen werden.

Dies ist erreicht, wenn ICH als Führungskraft ...

... meine Führungsrolle annehme, meine Führungsaufgaben wahrnehme und versuche, Vorbild zu sein.

... in dem Bewusstsein handle, dass ich auch Arbeitgeberfunktion habe sowie den Belangen des Stadtrates und den Bedürfnissen der Bürgerinnen und Bürgern in besonderer Weise verpflichtet bin.

... dazu beitrage, Abläufe möglichst unbürokratisch zu gestalten.

... mir meiner Schlüsselrolle für Erfolg und Innovation bewusst bin und mich entsprechend einsetze.

... meine Führungsrolle als Teil meiner persönlichen Entwicklung sehe und regelmäßig meine Führungskompetenz weiterqualifiziere.

... meiner Führungsaufgabe die gleiche Bedeutung zumesse wie der Sachaufgabe.

... ein gutes soziales Klima achte und fördere.

... meiner Fürsorgepflicht nachkomme (z. B. Schutz vor Überforderungen).

... im Sinne der Zielvereinbarungen, des Stadtleitbildes und der Führungsleitlinien handle.

Was nehme ich mir persönlich vor?

4. Entscheiden und Delegieren

Leitsätze und Zielvorstellungen

- WIR stehen zu unseren Mitarbeiterinnen und Mitarbeitern.
- WIR entscheiden verantwortungsbewusst, objektiv, transparent, unbürokratisch, sach- und zeitgerecht.
- WIR delegieren, soweit dies sachlich sinnvoll und personell möglich ist.

Dies ist erreicht, wenn ICH als Führungskraft ...

... Entscheidungen in eigenverantwortlicher Abwägung treffe, sie den Mitarbeiterinnen und Mitarbeitern erläutere und dazu stehe.

... auch unangenehme Maßnahmen und Entscheidungen treffe und umsetze.

... Aufgabenstellungen bestmöglich vorbereite und kommuniziere.

... Aufgaben gerecht verteile.

... den Aufgaben- und Verantwortungsumfang von Delegationen genau umschreibe.

... die Aufgabenerfüllung in angemessenem Umfang kontrolliere.

... meine Mitarbeiterinnen und Mitarbeiter bei der Umsetzung angemessen unterstütze und begleite.

... zu kreativen und alternativen Lösungsansätzen ermutige.

... Verantwortung für das Ergebnis übernehme.

Was nehme ich mir persönlich vor?

2. Kommunizieren und Informieren

Leitsätze und Zielvorstellungen

- Wir schaffen und pflegen eine konstruktive Gesprächskultur.
- WIR informieren unsere Mitarbeiterinnen und Mitarbeiter rechtzeitig und in angemessenem Umfang.
- WIR führen Gesprächsrunden ergebnisorientiert.

Dies ist erreicht, wenn ICH als Führungskraft ...

... aufmerksam bin und aktiv zuhöre.

... das persönliche Gespräch suche und in einer vertrauensvollen Atmosphäre führe.

... für regelmäßigen Austausch und die Reduzierung von Schriftlichem auf das sachlich Notwendige sorge.

... regelmäßig Dienstbesprechungen abhalte.

... Gespräche angemessen vorbereite, wichtige Ergebnisse schriftlich festhalte und die Beteiligten über das Ergebnis informiere.

... regelmäßig Feedback gebe und auch selbst hole.

Was nehme ich mir persönlich vor?

3. Ziele vereinbaren, Leistung fordern und anerkennen

Leitsätze und Zielvorstellungen

- WIR vereinbaren gemeinsam mit unseren Mitarbeiterinnen und Mitarbeitern erreichbare Ziele, fordern diese ein, tragen unseren Teil zur Zielerreichung bei und passen sie bei Bedarf an.
- WIR ermutigen unsere Mitarbeiterinnen und Mitarbeiter bei der Übernahme neuer Tätigkeiten und der Umsetzung notwendiger organisatorischer Veränderungen.
- WIR erkennen Leistung und Einsatz an.

Dies ist erreicht, wenn ICH als Führungskraft ...

... meine Mitarbeiterjahresgespräche führe und sie bewusst dazu nutze, das Arbeitsklima und mögliche Verbesserungschancen auszuloten.

... Ziele gemeinsam mit meinen Mitarbeiterinnen und Mitarbeitern soweit als möglich nach der **SMART**-Formel (**s**pezifisch, **m**essbar, **a**ktiv, **r**ealistisch, **t**erminiert) erarbeite.

... die Mitarbeiterinnen und Mitarbeiter ermutige, neue Lösungswege zu beschreiten und offen zu sein für notwendige Anpassungen an veränderte Rahmenbedingungen.

... meine Mitarbeiterinnen und Mitarbeiter leistungsgerecht beurteile und das Ergebnis zeitnah kommuniziere.

... mich für monetäre und nichtmonetäre Anerkennung erbrachter Leistungen einsetze.

Was nehme ich mir persönlich vor?

Führungskräfteentwicklung

In den ersten drei erfolgreichen Durchgängen der internen Führungskräfteentwicklung haben sich mittlerweile 37 Kolleginnen und Kollegen umfassend auf (neue) Führungsaufgaben vorbereiten bzw. ihre aktuelle Führungsaufgabe weiter optimieren können.

Diese Qualifizierung wollen wir daher einer weiteren Gruppe von 12 Teilnehmerinnen und Teilnehmern aus allen Verwaltungsdezernaten in einem neuen Durchgang 2015-2017 anbieten.

- Das Konzept bleibt unverändert

- Wir sprechen sowohl Kolleginnen und Kollegen an, die sich (neu) auf Führungsaufgaben vorbereiten wollen, als auch erfahrene Führungskräfte, die ihre Führungskompetenz erweitern wollen – die „gute Mischung" im Teilnehmerkreis hat sich bewährt

- Die Kosten (ca. 1.300,- € pro Person) werden vom zentralen Personalentwicklungsbudget übernommen

- Die Module sind als Einheit konzipiert, d.h. die Bewerbung gilt für **alle** Module

Modul I (06. - 08.10.2015, drei Seminartage)

Grundlagen wirksamer Führung

- Führungs(grund)wissen
- Führungsaufgaben
- Die neue Führungsrolle: vom Kollegen zum Vorgesetzten
- Führungswerkzeuge

Dr. Martin Franz (Dipl. Soziologe, OE-/ PE-Entwickler, Nürnberg)

Modul II (19. - 21.01.2016, drei Seminartage)

Führung ist Kommunikation

- Mitarbeiterorientierte Gesprächsführung
- Kritik- und Konfliktgespräche
- Anweisen/Überzeugen - Motivieren/Anerkennen
- Nonverbale Kommunikation in Theorie und Praxis
- Training / Beobachtung / Rückmeldung

Anlage 8

Dr. Martin Franz u. Dr. Claudia Croos-Müller (Ärztin für Neurologie am Klinikum Rosenheim)

Modul III (voraussichtlich im Frühjahr 2016, 2,5 Seminartage)

Führung in Veränderungsprozessen / Gesunde Führung

- Meine Rolle/Aufgaben in Veränderungsprozessen und mein Beitrag zu gesunder Führung in Theorie und Praxis
- Training / Beobachtung / Rückmeldung, Bearbeitung konkreter Change-Projekt der TeilnehmerInnen

Dr. Martin Franz und Dr. Claudia Croos-Müller

Modul IV (voraussichtlich von ca. Mitte 2016 bis Anfang 2017)

Selbst- und Zeitmanagement

- 6-7 halbe Tage in Form eines selbstorganisierten **Studienzirkels**
- Die TeilnehmerInnen finden und bearbeiten ihre Themen mit Begleitung durch Moderatoren.

Dr. Hubert Klingenberger (freiberuflicher Dozent, Coach und Moderator, München)
Bernd Trifellner (SGL Personalservice und –entwicklung im Personalamt)

Wir bitten Sie um Beachtung und Verständnis, dass die Teilnehmerzahl auf max. 12 begrenzt ist und wir bei größerer Nachfrage wieder eine Auswahl vornehmen müssen.

Gerne stehen wir Ihnen für Fragen zu Inhalten, Abläufen oder Referenten zur Verfügung.

Leitbild des Dienstleistungsunternehmen Stadt Rosenheim

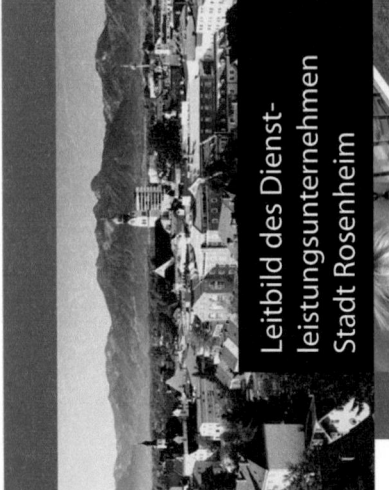

GEMEINSAM FÜR ROSENHEIM

Stadt Rosenheim

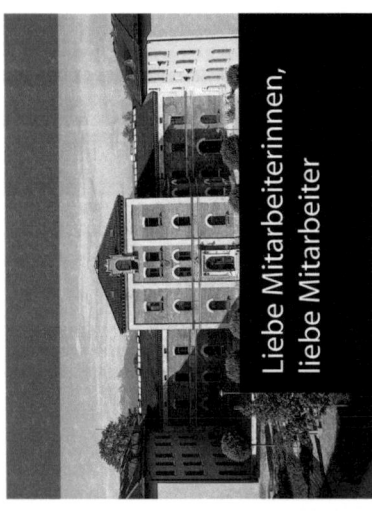
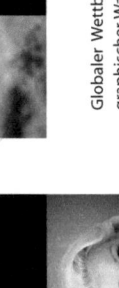

Unser Auftrag

Globaler Wettbewerb, ökologische Veränderungen, und demographischer Wandel sind zentrale Herausforderungen für unsere Stadt. Sie sind Chance und Ansporn, die Kräfte unserer Stadt zu mobilisieren und unsere Fähigkeiten zu beweisen.

Unser Auftrag als Stadtmanagement ist es, die Weichen für die erfolgreiche Bewältigung dieser Entwicklungen rechtzeitig zu stellen und die Zukunft offensiv zu gestalten. Unser Ziel ist es, Rosenheim zu einer lebendigen Bürgerkommune zu machen, die wirtschaftliche Leistungsfähigkeit der Stadt dauerhaft zu sichern und auf dieser Grundlage Rosenheim nachhaltig zu entwickeln. Wirtschaftlichkeit in der Aufgabenerfüllung und geordnete städtische Finanzen ermöglichen die notwendige Handlungsfähigkeit der Stadt.

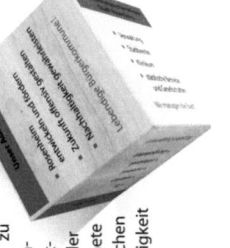

August 2013

Stadt Rosenheim
Königstraße 24
83022 Rosenheim

Telefon 08031 - 365 - 1011
Telefax 08031 - 365 - 8975
www.rosenheim.de

Stadt Rosenheim

Liebe Mitarbeiterinnen, liebe Mitarbeiter

Rosenheim ist eine bürgerfreundliche, offene und gut funktionierende Stadt. Ein reichhaltiges Kulturleben, einzigartige Natur und eine starke Wirtschaft sind Quellen für unsere Lebensqualität.

Im Dienstleistungsunternehmen Stadt Rosenheim ist es unsere gemeinsame Aufgabe, als Verwaltung, städtische Gesellschaften und Betriebe diese Vorzüge sorgsam zu pflegen und unsere Stadt für die Zukunft fit zu machen.

Diese Aktualisierung unseres Leitbildes von 1995 möge unsere gemeinsame Richtschnur und uns allen Verpflichtung sein, lösungsorientiert und mit großem Engagement für die Bürgerinnen und Bürger unsere Stadt zu arbeiten.

Gabriele Bauer
Oberbürgermeisterin

Leitbild: Zweck und Ziel

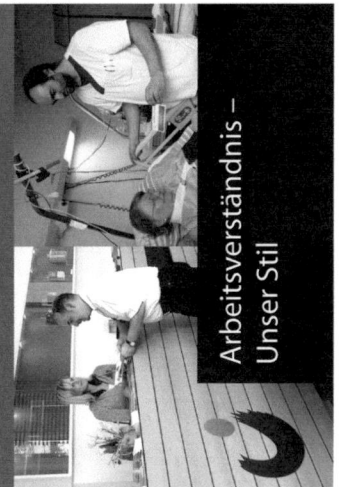

Das Leitbild bringt das gewachsene Selbstverständnis, den Auftrag und die Ziele des Dienstleistungsunternehmens Stadt Rosenheim auf den Punkt. In unserer täglichen Arbeit setzen wir es fachspezifisch um.

Lebendige Tradition, dynamischer Wirtschaftsstandort, modernes Oberzentrum im südlichen Oberbayern, Natur und Hochtechnologie – all dies vereint Rosenheim. Es prägt das Selbstverständnis unserer Stadt, macht sie unverwechselbar und einladend. Die Vielfalt der Menschen, Lebensstile, Einrichtungen und Betrieben schafft das Klima, das unsere Stadt so lebenswert macht.

Arbeit und Freizeit, Bildung und Kultur, Lebensqualität für Jung und Alt sind die zentralen Ziele für die Entwicklung unserer Stadt. Rosenheim soll lebenswerte Heimat für alle Bürgerinnen und Bürger sein, in der sich die Bürger wohl fühlen und für die man sich gerne einsetzt.

Das Stadtmanagement

Die Stadtverwaltung sowie alle städtischen Gesellschaften und Betriebe erbringen umfangreiche Leistungen für die Bürger, die Wirtschaft, für Verbände und Einrichtungen in Rosenheim. Die Palette reicht von hoheitlichen Aufgaben über die Sicherstellung von Versorgungs- und Gesundheitsleistungen sowie Leistungen der allgemeinen Daseinsvorsorge bis hin zu umfangreichen freiwilligen Leistungen.

Trotz unterschiedlicher Aufgabenbereiche, Rechtsformen und Standorte gibt es viele Berührungspunkte. Wir wollen den Bürgerinnen und Bürgern diese umfassenden Leistungen möglichst gut und komfortabel zur Verfügung stellen und unsere Effizienz in der Aufgabenerfüllung kontinuierlich steigern.

Gemeinsam verstehen wir uns als Stadtmanagement, das Tag für Tag professionell zusammenspielt.

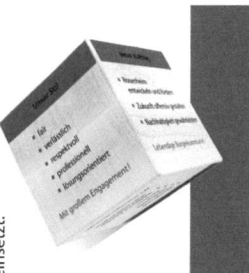

Arbeitsverständnis – Unser Stil

Das Stadtmanagement ist sich der hohen Erwartungen der Bürgerinnen und Bürger und seiner Verantwortung für die Stadt bewusst. Unser Ziel ist es, diesen Ansprüchen so gut wie möglich gerecht zu werden. Wir berücksichtigen aber auch die Aufgabenfelder und Fähigkeiten der weiteren Gestalter unseres Stadtlebens. Gemeinsam sind wir aufgerufen, den Erfolg zu suchen, offen für Neues zu sein, uns abzustimmen, die Kräfte zu vernetzen und die Stärken zu entfalten.

Bürger — Stadtrat — Stadtmanagement — Wirtschaft

Wir verstehen uns als hilfsbereite Partner, die für Bürgerinnen und Bürger unserer Stadt, für Kollegen, Vorgesetzte und Mitarbeiter professionell und lösungsorientiert hohe fachliche Leistungen erbringen.

Wir begegnen unseren externen und internen Kunden respektvoll, fair und verlässlich und erwarten dies auch von ihnen.

Personalentwicklung

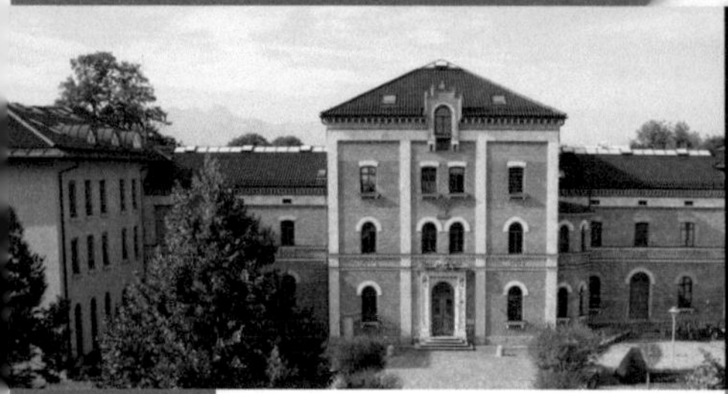

Personalentwicklungskonzept Stadtverwaltung Rosenheim *2012*

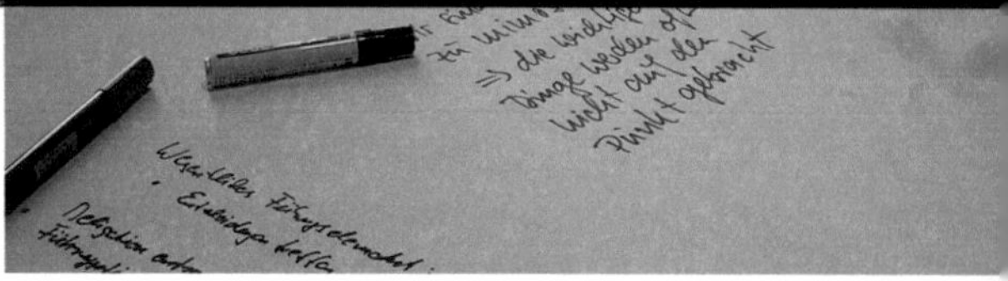

Ziele

Schwerpunkte

Maßnahmen

Controlling

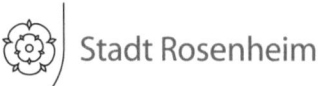 Stadt Rosenheim

Anlage 10

Impressum

Herausgeberin: Stadt Rosenheim
Konzept: Projektteam Fortschreibung Personalentwicklungskonzept
                 (Stefan Gebauer, Renate Heilmann, Wilhelm Jung, Markus Nowak, Harald
                 Tüchler, Martina Wildenburg)
Gestaltung: Renate Heilmann, Daniel Steinmetz (Praktikant), Christine Stocker
                 (Anwärterin)
Auflage: 100 Stück
Stand: März 2012

Liebe Mitarbeiterinnen und Mitarbeiter,

ich freue mich sehr, Ihnen das neue Personalentwicklungskonzept 2012 der Stadt Rosenheim vorzustellen.

In Zeiten eines stetigen und schnellen Wandels der Arbeitswelt und damit einhergehenden höher werdenden Anforderungen an die Mitarbeiterinnen und Mitarbeiter ist eine zeitgemäße Personalentwicklung integraler Bestandteil jeder Unternehmenskultur.

Weiterbildung, Gesundheit, Veränderungsmanagement und Wertschätzung sind unsere Schwerpunkte der Personalentwicklung in den kommenden drei Jahren. In diesen Bereichen werden wir uns auf wenige konkrete Maßnahmen konzentrieren: Gesundheitsfördernde Infrastruktur, ein dauerhaftes Seminarangebot auf hohem Niveau und die Etablierung eines Führungsdialogs sind Beispiele hierfür.

Besonders freut mich hierbei, dass sich bei der Auswahl der Maßnahmen unsere Mitarbeiterinnen und Mitarbeiter so rege beteiligt haben – 38 Prozent nannten ihre Prioritäten und gaben zudem zahlreiche Anregungen. Durch diese Beteiligung steht das neue Personalentwicklungskonzept auf einem breiten Fundament. Die angebotenen Maßnahmen spiegeln den Willen der Beschäftigten wider.

Für mich ist es wichtig, dass die Stadt Rosenheim ein attraktiver Arbeitgeber bleibt und unseren Mitarbeiterinnen und Mitarbeitern die Möglichkeit bietet, sich weiterzubilden und persönlich weiter zu entwickeln. Mein Ziel sind zufriedene und motivierte Mitarbeiter, die gerne für die Stadt arbeiten, sich mit ihr identifizieren und auf dieser Grundlage einander und den Bürgerinnen und Bürgern wie dem Stadtrat in wechselseitigem Respekt begegnen. Darauf aufbauend lassen sich die täglichen Anforderungen bestmöglich bewältigen – denn Wertschätzung ist Wertschöpfung.

Abschließend danke ich den Mitgliedern der Projektgruppe Personalentwicklung, die mit viel Kreativität, Tatendrang und Energie das Personalentwicklungskonzept erarbeitet haben.

Gabriele Bauer
Oberbürgermeisterin

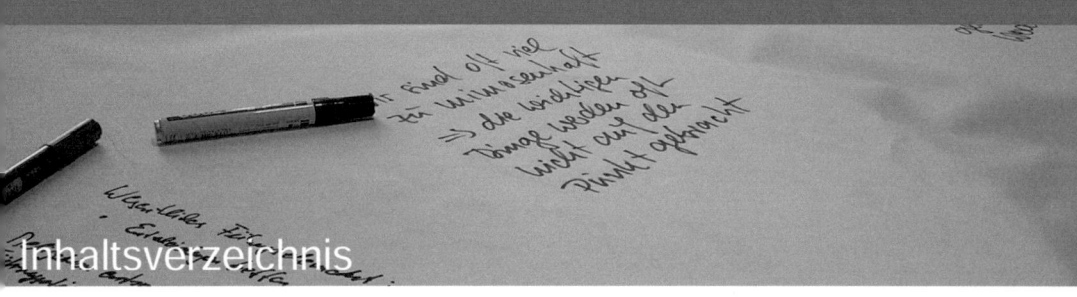

Inhaltsverzeichnis

Inhaltsverzeichnis

1. Einleitung

Die Mitarbeiterinnen und Mitarbeiter der Stadtverwaltung Rosenheim sind gefordert, sich ständig an veränderte Arbeitsbedingungen anzupassen. Das Personalentwicklungskonzept (PE-Konzept) 2012 soll die Mitarbeiterinnen und Mitarbeiter dabei unterstützen, diesen Anpassungsprozess zu meistern. Sie sollen ihre Stärken bestmöglich zum Wohl der Bürgerinnen und Bürger entfalten und ihre Dienstleistungen wirksam und wirtschaftlich anbieten können.

Bereits seit dem Jahr 2003 gibt es bei der Stadtverwaltung ein PE-Konzept. Ergänzt im Jahr 2006 durch den Teil „Führungskräfteentwicklung" war dieses Konzept viele Jahre Grundlage für die Personalentwicklung bei der Stadtverwaltung Rosenheim.

Das vorliegende PE-Konzept 2012 wurde vollkommen neu erarbeitet. Es versteht sich als dynamisches, beteiligungsorientiertes Konzept. Aus diesem Grund wurden die Mitarbeiterinnen und Mitarbeiter in die Auswahl der Handlungsschwerpunkte und der Maßnahmen eingebunden. Sie haben auch weiterhin die Möglichkeit, ihre Vorstellungen in den Ideenspeicher (siehe Anhang) für die kommenden Jahre einfließen zu lassen.

Das Konzept ist bewusst kurz gehalten und konzentriert sich auf wenige, in einem überschaubaren Zeitraum umsetzbare Maßnahmen. Deren jeweiliger Sachstand wird in einer Maßnahmenübersicht (siehe Anhang) dargestellt. Nach drei Jahren wird das PE-Konzept insgesamt überprüft und die Handlungsschwerpunkte und Maßnahmen fortgeschrieben.

Definitionen

2. Was versteht die Stadt Rosenheim unter Personalentwicklung?

2.1 Ziele

"Unter Personalentwicklung sind systematisch gestaltete Prozesse zu verstehen, die darauf abzielen, das Leistungs- und Lernpotenzial von Mitarbeiterinnen und Mitarbeitern zu erkennen, zu erhalten und in Abstimmung mit dem Bedarf verwendungs- und entwicklungsbezogen zu fördern."[1] Die Stadt Rosenheim folgt in ihrem PE-Konzept dieser Definition der Kommunalen Gemeinschaftsstelle für Verwaltungsmanagement (KGSt).

Mit Hilfe der Maßnahmen des Konzeptes sollen die Persönlichkeits-, Fach-, Sozial-, Methoden- und Wirtschaftskompetenzen der Mitarbeiterinnen und Mitarbeiter sowie Lern-, Entwicklungs- und Veränderungsprozesse, Organisations- und Teamentwicklung gefördert werden.

Neben der laufenden Berücksichtigung von Neuerungen gilt es, die Grundlagen der Personalentwicklung stetig im Blick zu behalten und darauf aufbauend bereits erfolgreich Praktiziertes weiter zu verbessern.

Dabei ist immer auch die gesamte Lebenssituation der Mitarbeiterinnen und Mitarbeiter, insbesondere die Vereinbarkeit von Familie und Beruf, mit zu berücksichtigen.

2.2 Zielgruppe

Zielgruppe des PE-Konzeptes sind alle Mitarbeiterinnen und Mitarbeiter der Stadtverwaltung Rosenheim einschließlich der Führungskräfte.

---

[1] KGSt Personalentwicklung im Veränderungsprozess Bericht Nr. 3/2000

Definitionen

2.3 Verantwortung

Verantwortlich für die Umsetzung des PE-Konzeptes sind alle Führungskräfte sowie alle Mitarbei-terinnen und Mitarbeiter. Sie werden dabei durch die Personalvertretungen, Beauftragten[2] und das Personalamt unterstützt. Das Controlling erfolgt durch die Koordinierungsgruppe.

2.4 Kontext

Inhalte der Personalentwicklung finden sich auch in nachstehenden Richtlinien, Vereinbarungen, Rechtsvorschriften und weiteren Konzepten:

- Leitbild Stadt Rosenheim
- Führungskräfteleitlinien
- Städtische Dienstordnung
- Projektrichtlinien
- Richtlinien zum Schutz der Würde von Frauen und Männern
- Dienstanweisung für Sicherheit und Gesundheitsschutz
- Dienstvereinbarung betriebliches Eingliederungsmanagement (DV BEM)
- DV Sucht und Suchtmittelmissbrauch sowie psychosoziale Beratung von Beschäftigten
- DV Leistungsentgelt
- DV Telearbeit (DV Tele-A)
- Gleichstellungskonzept
- Allgemeines Gleichstellungsgesetz
- Tarifvertrag für den öffentlichen Dienst
- Leistungslaufbahngesetz

---

[2] Schwerbehindertenvertretung, Betriebliches Eingliederungsmanagement, Gleichstellungsbeauftragte

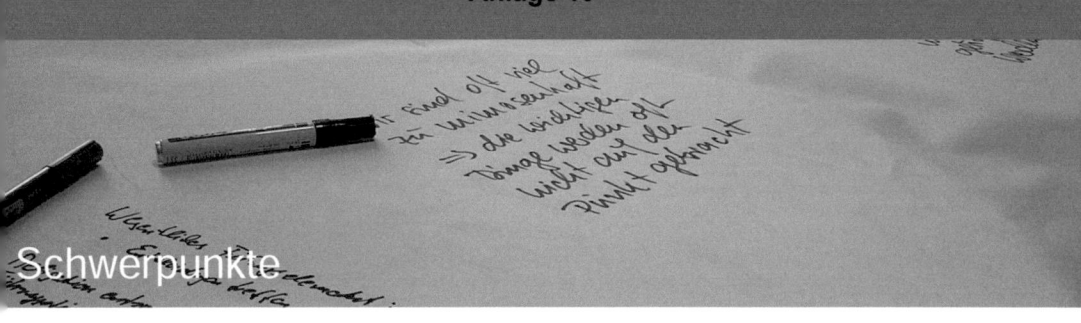

3. Wo liegen in den kommenden Jahre die Handlungsschwerpunkte der Personalentwicklung?

In Abstimmung mit den Führungskräften und der Koordinierungsgruppe wurden für die kommenden drei Jahre folgende Schwerpunkte der Personalentwicklung festgelegt, die als besonders wichtig für die Mitarbeiterinnen und Mitarbeiter betrachtet wurden:

- **Bildung**
- **Gesundheit**
- **Veränderungsmanagement**
- **Wertschätzung**

Themenfelder

4. Welche Themenfelder gibt es in der Personalentwicklung?

Für das PE-Konzept wurden neun Themenfelder definiert, die neben den grundsätzlichen Zielen (vgl. 2.1) weitere Ziele beschreiben. Damit sind sie Grundlage und Anknüpfungspunkte für die Entwicklung von Maßnahmen zu den vier Handlungsschwerpunkten der nächsten drei Jahre. Eine Maßnahme kann mehrere Themenfelder berühren.

4.1 Betriebliche Gesundheitsförderung

Betriebliche Gesundheitsförderung hat zum Ziel, die Gesundheit und damit die Leistungsfähigkeit der Mitarbeiterinnen und Mitarbeiter zu erhalten und zu verbessern.
Die zu entwickelnden Maßnahmen können die Arbeitsplatzverhältnisse oder das persönliche Verhalten betreffen und sowohl einen krankheitsvermeidenden als auch einen gesundheitsfördernden Ansatz verfolgen.

4.2 Betriebsklima

Ziel ist es, ein Betriebsklima zu schaffen, in welchem Konflikte verringert, das Miteinander gefördert, Kommunikation unterstützt, Gesundheit positiv beeinflusst und die Mitarbeiterinnen und Mitarbeiter motiviert werden.
Ein gutes Betriebsklima ist ein wichtiger Leistungsanreiz und Voraussetzung für viele Aspekte der Arbeit.

4.3 Fortbildung

Ziel ist es, lebenslanges Lernen der Mitarbeiterinnen und Mitarbeiter zu ermöglichen, zu fordern und zu fördern. Nur so können diese den stetigen und schnellen Wandel der modernen Arbeitswelt bewältigen.
Ein auf die einzelnen Mitarbeiterinnen und Mitarbeiter abgestimmtes, zielgerichtetes Fortbildungskonzept leistet einen grundlegenden Beitrag zum Erhalt der individuellen Leistung.

Themenfelder

4.4. Führung

Strategisches und übergeordnetes Ziel ist die nachhaltige Entwicklung von gutem Führungspersonal.

Grundlage hierfür ist das frühzeitige Erkennen und Fördern von Führungspotential, die rechtzeitige Vermittlung von Werkzeugen der Führung sowie das Angebot einer bedarfsorientierten Begleitung im Führungsalltag.

4.5. Leistungsanreize

Ziel ist, materielle und immaterielle Leistungsanreize einzusetzen, um höhere Mitarbeiterzufriedenheit, Wirksamkeit und Wirtschaftlichkeit zu erreichen.
Der Schwerpunkt des PE-Konzeptes liegt auf immateriellen Anreizen (Führungsverhalten der Vorgesetzten, gutes Betriebsklima, flexible Arbeitszeiten, Lob und Anerkennung).

4.6 Mitarbeitergewinnung und -bindung

Die Stadt Rosenheim muss als Arbeitgeber attraktiv bleiben, um trotz der demografischen Entwicklung gut ausgebildete und motivierte Mitarbeiterinnen und Mitarbeiter gewinnen und dauerhaft an sich binden zu können.
Denn nur leistungsfähige und zufriedene Beschäftigte können die Qualität und Produktivität der Verwaltung sichern. Um Leistungsfähigkeit und Zufriedenheit der Mitarbeiterinnen und Mitarbeiter zu ermöglichen, wird der ganzheitliche Blick auf die Lebenssituation der Beschäftigten immer wichtiger.

4.7 Personalplanung

Ziel der Personalplanung ist es, geeignete Mitarbeiterinnen und Mitarbeiter bedarfsgerecht am richtigen Arbeitsplatz einzusetzen.

Dazu ist rechtzeitig und angemessen auf die demographische Entwicklung unserer Gesellschaft, die Altersstruktur der Verwaltung und die Entwicklungen auf dem Ausbildungs- wie auf dem Arbeitsmarkt zu reagieren.

4.8 Veränderungs- und Prozessmanagement

Zukunftsfähige Organisationen sind in der Lage, die Notwendigkeit von Veränderungen zu erkennen, zu kommunizieren und erfolgreich umzusetzen.

Dazu ist es wichtig, dass in der Verwaltung Kompetenzen zu Veränderungs- und Prozessmanagement stetig weiterentwickelt werden. So können Mitarbeiterinnen und Mitarbeiter ihre Dienstleistungen auch in Zukunft wirksam und wirtschaftlich erbringen.

4.9 Wertschätzung

Ziel ist, die Wertschätzung der Mitarbeiterinnen und Mitarbeiter zu erhalten und zu verbessern. Hohe Wertschätzung stärkt das Selbstbewusstsein der Mitarbeiterinnen und Mitarbeiter und trägt zu höherer Motivation bei. Sie ist damit ein nicht zu unterschätzender Leistungsanreiz.

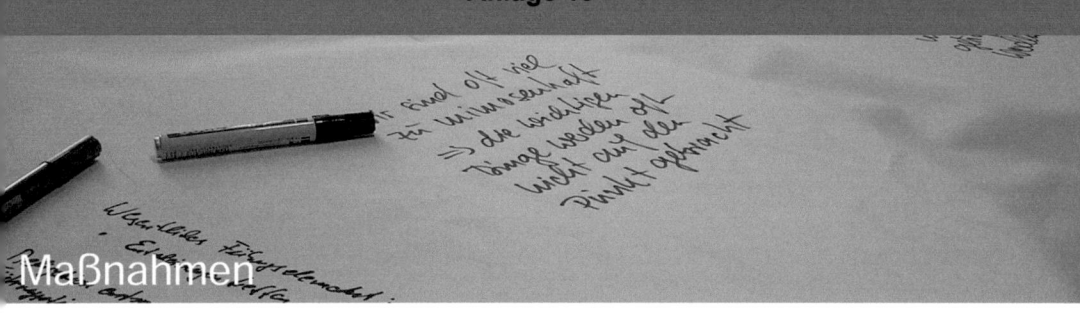

Maßnahmen

5. Wie wurden die Maßnahmen entwickelt?

Das Projektteam sammelte zu den Schwerpunkten geeignete Maßnahmen und priorisierte für diese und einen Punkt „Sonstiges" jeweils zwei Maßnahmen.
Die ausgewählten zehn Maßnahmen wurden den Mitarbeiterinnen und Mitarbeitern der Stadtverwaltung zur Bewertung nach Wichtigkeit vorgelegt.

Die Umfrage führte zu folgendem Ergebnis:

Ergebnis der Mitarbeiterberfragung zur Fortschreibung PE-Konzept (Sommer 2011)

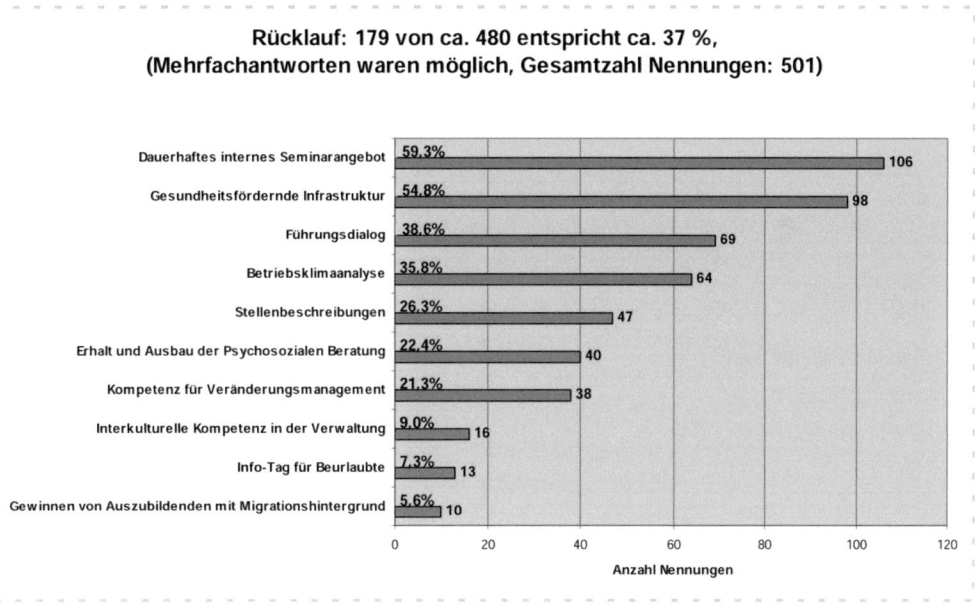

Rücklauf: 179 von ca. 480 entspricht ca. 37 %,
(Mehrfachantworten waren möglich, Gesamtzahl Nennungen: 501)

Maßnahme	Prozent	Anzahl Nennungen
Dauerhaftes internes Seminarangebot	59,3%	106
Gesundheitsfördernde Infrastruktur	54,8%	98
Führungsdialog	38,6%	69
Betriebsklimaanalyse	35,8%	64
Stellenbeschreibungen	26,3%	47
Erhalt und Ausbau der Psychosozialen Beratung	22,4%	40
Kompetenz für Veränderungsmanagement	21,3%	38
Interkulturelle Kompetenz in der Verwaltung	9,0%	16
Info-Tag für Beurlaubte	7,3%	13
Gewinnen von Auszubildenden mit Migrationshintergrund	5,6%	10

Maßnahmen

Fünf Maßnahmen mit der höchsten Bewertung wurden weiter ausgearbeitet und sollen in den nächsten drei Jahren begonnen und umgesetzt werden (siehe Anhang II). Die restlichen Maßnahmen wurden in den Ideenspeicher (siehe Anhang III) eingestellt.

Zielsetzungen und Kurzbeschreibungen der ausgewählten Maßnahmen

Schwerpunkt	Bildung
Name d. Maßnahme	**Dauerhaftes internes Seminarangebot**
Zielsetzung	Die Stadt stellt ein festgelegtes Budget für interne Seminare zur Mitarbeiterbildung im Haushalt ein.
Kurzbeschreibung	Mit dieser Maßnahme möchten wir die Kontinuität und somit auch die Qualität des Seminarangebots sichern.
Schwerpunkt	Gesundheit
Name d. Maßnahme	**Gesundheitsfördernde Infrastruktur**
Zielsetzung	In den Verwaltungsgebäuden der Stadt Rosenheim wird eine Infrastruktur, die Bewegung, Ruhephasen bzw. Kommunikation für Beschäftigte ermöglicht (Duschen, Umkleiden, Bewegungs-/Ruheraum, kommunikationsfördernde Bereiche) geschaffen.
Kurzbeschreibung	Mit dieser Maßnahme wollen wir die Gesundheit unserer Beschäftigten am Arbeitsplatz aktiv fördern.

Anlage 10

Maßnahmen

Schwerpunkt	Wertschätzung
Name d. Maßnahme	**Führungsdialog**
Zielsetzung	Wir führen auf allen Ebenen ein wiederkehrendes moderiertes Gespräch zwischen Führungskräften und ihren Mitarbeitern ein.
Kurzbeschreibung	Mit dieser Maßnahme wollen wir erreichen, dass in regelmäßigen Abständen ein formalisiertes Gespräch über Führungsverhalten durchgeführt wird, damit wir im Dialog Führungskultur und Zusammenarbeit weiterentwickeln. Methodisch geschulte Moderatoren begleiten den Dialog.
Schwerpunkt	Veränderungsmanagement
Name d. Maßnahme	**Betriebsklimaanalyse**
Zielsetzung	Die Stadt führt jährlich eine EDV-gestützte Mitarbeiterbefragung zum Thema Betriebsklima durch.
Kurzbeschreibung	Mit dieser Maßnahme wollen wir erreichen, dass das Betriebsklima auf Dezernats- und Amtsebene analysiert wird und notwendige Maßnahmen zur Weiterentwicklung ergriffen werden.
Schwerpunkt	Sonstiges
Name d. Maßnahme	**Stellenbeschreibungen**
Zielsetzung	Alle Ämter erstellen für ihre Mitarbeiterinnen und Mitarbeiter Stellenbeschreibungen, die Grundlage für Dienstverteilung, Beurteilungen und Fortbildungsmaßnahmen sind, jährlich überprüft und bei Bedarf fortgeschrieben werden.
Kurzbeschreibung	Mit dieser Maßnahme wollen wir eine Basis für klare Aufgabenverteilung und Zuständigkeit schaffen sowie die Personalentwicklung fördern.

6. Wie wird das Controlling durchgeführt?

Um ein hohes Maß an Verbindlichkeit und Wirksamkeit zu erzielen, sind alle Maßnahmen anhand der S.M.A.R.T.[3] Kriterien auszurichten und in eine standardisierte Maßnahmenbeschreibung einzutragen. Die Umsetzung der Maßnahmen wird durch einen jährlichen Bericht sichergestellt.

Dazu wird vom jeweiligen Projektverantwortlichen ein Abschlussbericht (bzw. jährlicher Zwischenbericht) über den Maßnahmenverlauf der Koordinierungruppe vorgelegt. Die Berichte werden von den Projektverantwortlichen an die Geschäftsstelle der Koordinierungsgruppe (Sachgebiet I/103) gesandt.

Zuständigkeiten und Ablaufdiagramm PE-Konzept

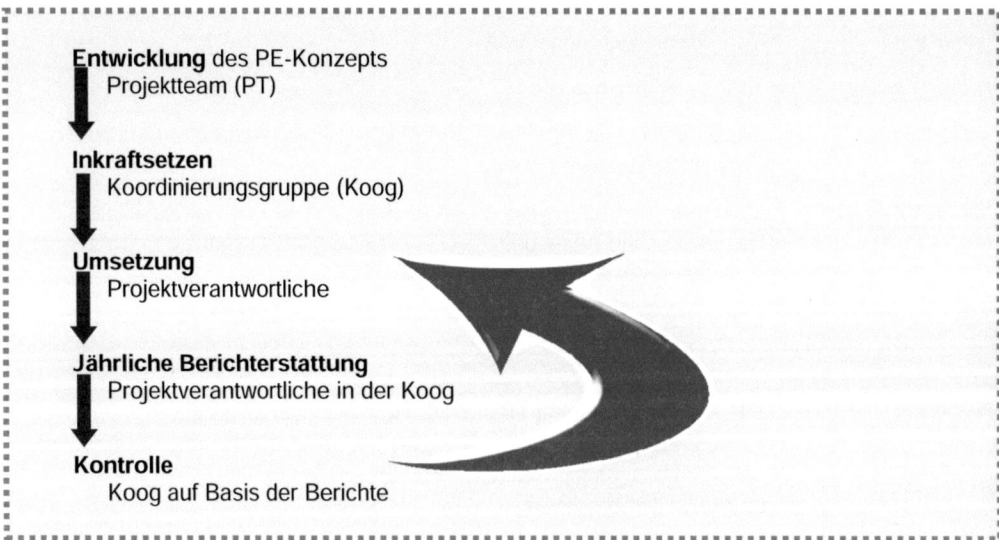

Damit das PE-Konzept in der Verwaltung gelebt wird und lebendig bleibt, überprüft die Koordinierungsgruppe nach 3 Jahren das gesamte PE-Konzept im Hinblick auf Aktualität und beauftragt bei Bedarf die Weiterentwicklung.

---

[3] S.M.A.R.T. = **S**pezifisch, **M**essbar, **A**ttraktiv, **R**ealistisch, **T**erminiert

Anlage 10

Anhang

Maßnahmenübersicht mit jährlicher Fortschreibung

Detailbeschreibungen zu den Maßnahmen

Ideenspeicher für die kommenden Jahre

Anlage 10

I. Maßnahmenübersicht mit jährlicher Fortschreibung

	Beschreibung	Vorschlag vom:	2012	2013	2014	2015	2016	2017	2018
1.1.	Dauerhaftes internes Seminarangebot	Okt. 11	D	D	D	D	D	D	D
2.1.	Gesundheitsfördernde Infrastruktur	Okt. 11	▶	D	D	D	D	D	D
3.1.	Führungsdialog	Okt. 11	▶	⇨	⇨	◀	D	D	D
4.1.	Gefährdungsanalysen*)	Okt. 11	▶	D	D	D	D	D	D
5.1.	Stellenbeschreibungen	Okt. 11	▶	⇨	◀	D	D	D	D

Erläuterungen:

▶   Projektstart

⇨   Projektzeit

◀   Projektende

D / D   Daueraufgabe geplant / durchgeführt

*) In der Mitarbeiterbefragung wurde ursprünglich die Maßnahme „Betriebsklimaanalyse" von den Mitarbeiterinnen und Mitarbeitern zur Umsetzung vorgeschlagen (vgl. Punkt 5 auf S. 12 – 14). In der Zwischenzeit gibt es Überlegungen stattdessen arbeitsplatzbezogene Gefährdungsanalysen, die auch Fragen zum Betriebsklima enthalten sollen, durchzuführen. Deswegen wurde auf den Maßnahmevorschlag „Betriebsklimaanalyse" verzichtet und stattdessen der Vorschlag „Gefährdungsanalysen" in Grundzügen ausgearbeitet.

II. Detailbeschreibungen zu den Maßnahmen

PE-Maßnahme

zum Schwerpunkt 1 Bildung im

Themenfeld Fortbildung

1.1	Dauerhaftes internes Seminarangebot	in Vorbereitung

Ausgangssituation / Impuls / Anlass   **Beginn 2011**

Neben den Haushaltsansätzen der Ämter für fachspezifische Fortbildung gibt es seit vielen Jahren einen eigenen Ansatz für allgemeine interne Seminare beim Personalamt. Daraus werden ämter-übergreifende Fortbildungen für alle Mitarbeiterinnen und Mitarbeiter der Stadtverwaltung angeboten. Dieser Ansatz wurde in den letzten Jahren deutlich reduziert, sodass zuletzt kein eigenes Jahrespro-gramm, sondern nur mehr Einzelveranstaltungen angeboten werden konnten.

Das ämterübergreifende Angebot wurde - wie das Seminarecho zeigt - als hausinterner "Blick über den Tellerrand des eigenen Amtes" sehr geschätzt und hat auch dazu beigetragen, Verständnis für andere Aufgabenbereiche zu gewinnen. Auch die Auswertung der Mitarbeiterbefragung, die anläss-lich der Fortschreibung des PE-Konzepts durchgeführt wurde, zeigt, dass ein dauerhaftes internes Seminarangebot höchste Priorität bei zehn Vorschlägen hat.

Ziel (*smart*) und Inhalt

Die Stadt stellt ein jährlich festgelegtes Budget für interne Seminare zur Mitarbeiterbildung im Haus-halt ein.

Mit dieser Maßnahme möchten wir die Kontinuität und somit auch die Qualität des Seminarangebots sichern.

Meilensteine / Grobziele

Das Personalamt stellt dar, wie sich die Aufwendungen für das interne Seminarangebot in den letzten 10 Jahren entwickelt haben. Ergänzend soll auch der prozentuale Anteil dieser Aufwendungen am gesamten Ergebnishaushalt dargestellt werden und wie sich die Mitarbeiterzahl in diesem Zeitraum entwickelt hat.

Die Dezernentenrunde entscheidet, bis zu welcher Höhe ein Haushaltsansatz für interne Fortbildung dauerhaft in Form eines Basisbetrags, errechnet aus den Aufwendungen pro Mitarbeiter und Jahr, als Tabuansatz von allen Dezernaten mitgetragen wird.

Eine Arbeitsgruppe erarbeitet Kriterien für die Planung und Durchführung eines bedarfsgerechten, zielgruppenorientierten Seminarangebots.

Erfolgsfaktoren

Die Dezernentenrunde hat einen Basisbetrag festgelegt.

Der jährliche Haushaltsansatz für interne Seminarangebote (Basisbetrag) wird gegenüber dem Vor-jahr nicht gesenkt.

Der Haushaltsansatz wird bei Bedarf (z. B. Durchführung Führungskräfteworkshop, Dezernenten-workshop) für ein Jahr erhöht.

Die Höhe des Basisbetrags wird nach drei Jahren, ausgehend vom Haushaltsjahr 2011, überprüft und bei Bedarf angepasst (Entwicklung der Mitarbeiterzahl).

Das interne Seminarangebot wird an Hand eines Kriterienkatalogs geplant und durchgeführt.

Zuständigkeiten

I/11:   Vorbereitung der Entscheidungsgrundlagen

Dez. I: Thematisierung in der Dezernentenrunde

Koog: Einsetzen einer Arbeitsgruppe Kriterienkatalog

I/11:   Controlling Budgetansatz

Ressourcenbedarf
MA bei I/11

I/11:   Haushaltmittel für die Durchführung des Seminarangebots

Die Maßnahme berührt auch folgende(s) Themenfeld(er):

☒ Betriebliche Gesundheitsförderung	☐ Personalplanung	☒ Betriebsklima/Wertschätzung
☐ Leistungsanreize	☐ Veränderungsmanagement	☒ Mitarbeiterbindung
☒ Fortbildung	☐ Führung	

Anlage 10

PE-Maßnahme

zum Schwerpunkt 2 Gesundheit im

Themenfeld Betriebliche Gesundheitsförderung

2.1.	Gesundheitsfördernde Infrastruktur	in Vorbereitung

Ausgangssituation / Impuls / Anlass   Beginn 2012

Die betriebliche Gesundheitsförderung hatte in der Mitarbeiterbefragung einen sehr hohen Stellenwert. Die Tätigkeit in der Verwaltung ist in vielen Bereichen mit Bewegungsmangel verbunden, der sich negativ auf die körperliche Gesundheit von Mitarbeiterinnen und Mitarbeitern auswirken kann. Gleichzeitig werden durch die Arbeit bzw. die Arbeitsbedingungen (z. B. Parteiverkehr, Mehrfachbelegung von Büros) hohe Anforderungen an Konzentration und Aufmerksamkeit gestellt. So entsteht das Bedürfnis sowohl nach Bewegung als auch nach Entspannung.

Viele MA kommen deshalb mit dem Fahrrad zur Arbeit und möchten sich nach der Fahrt frisch machen. Es gibt auch MA, die auf das Fahrrad umsteigen oder die Mittagspause für Sport nutzen würden, wenn sie die Möglichkeit zum Duschen hätten. Deshalb wird immer häufiger die Installation einer Dusche nachgefragt. Andererseits besteht aber auch der Wunsch nach Ruheräumen, die gerade in der Mittagszeit zur Entspannung genutzt werden könnten.

Ziel (*smart*) und Inhalt

Für die Verwaltungsgebäude der Stadt Rosenheim wird eine Infrastruktur, die Bewegung, Ruhepausen bzw. Kommunikation für Beschäftigte ermöglicht (Duschen, Umkleiden, Bewegungs-/ Ruheraum, kommunikationsfördernde Bereiche) geschaffen.

Mit dieser Maßnahme wollen wir die Gesundheit unserer Beschäftigten am Arbeitsplatz aktiv fördern.

Meilensteine / Grobziele

Das ZIM entwickelt ein Konzept, wie eine gesundheitsfördernde Infrastruktur in bestehenden Verwaltungsgebäuden und bei Neubauten umgesetzt werden kann. Im Konzept sollten Standards zur Schaffung und Einrichtung von Kommunikationsbereichen, Bewegungs- und Ruheräumen bei Neuerwerb von Immobilien oder bei Bestandssanierungen festlegt werden (Fertigstellung 1.1.2013).

Das ZIM überprüft, welche Räume in den Verwaltungsgebäuden Reichenbach- und Königstraße grundsätzlich als Bewegungs-/Ruheraum und/oder Kommunikationsraum eingerichtet werden können. Hierzu eignen sich beispielsweise Raucherräume sowie nicht genutzte Lager-/Kellerräume. Das ZIM stellt die Haushaltsmittel zur Umgestaltung der vorhandenen Räume (z. B. Einbau von Duschen) und zur Beschaffung von Mobiliar/Gerät (z. B. Laufband, Ergometer/Hometrainer, Ruheliegen) ein (Überprüfung bis 1.1.2014).

Das ZIM berücksichtigt bei der Entscheidung über die Nutzung des ehemaligen Gesundheitsamtes die Schaffung von Bewegungs- und Ruheräumen samt Dusche mit Umkleideraum.

Erfolgsfaktoren

Es gibt in jedem Verwaltungsgebäude einen ausgestatteten Bewegungs- und Ruheraum oder/und eine Kommunikationszone, die von Beschäftigten der Stadt Rosenheim genutzt werden können.

In der Immobilie des ehemaligen Gesundheitsamtes sind zusätzlich Duschen und Umkleideräume bereits bei der Planung des Gebäudes berücksichtigt.

Bei der Erstellung von Raumstandards für Verwaltungsgebäude sind Aspekte der Gesundheitsförderung berücksichtigt.

Zuständigkeiten

II/24:   Konzept zur Durchführung und Umsetzung sowie Entwicklung von Standards in Abstimmung mit I/10

I/11:   Controlling

Ressourcenbedarf

II/24, I/11:   MA

II/24:   Haushaltsmittel

Räume für gesundheitsfördernde Einrichtung

Die Maßnahme berührt auch folgende(s) Themenfeld(er):

☒ Betriebliche Gesundheitsförderung	☐ Personalplanung	☒ Betriebsklima/Wertschätzung
☐ Leistungsanreize	☐ Veränderungsmanagement	☒ Mitarbeiterbindung
☐ Fortbildung	☐ Führung	

Anlage 10

PE-Maßnahme
zum Schwerpunkt 3 Veränderungsmanagement im
Themenfeld Betriebsklima / Wertschätzung

3.1	Gefährdungsanalyse am Arbeitsplatz	in Vorbereitung

Ausgangssituation / Impuls / Anlass   Beginn 2012

Die letzte stadtweite Betriebsklimaanalyse fand 2004 statt. In den letzten Jahren wurde immer wieder zwischen Verwaltungsspitze und Personalrat diskutiert, ob auch künftig Betriebsklimaanalysen durchgeführt werden sollen.

Aus dem Arbeitskreis Sucht gibt es den Vorschlag, stattdessen Arbeitsplatzbegehungen mit Gefährdungsbeurteilung und Befragung durchzuführen wie dies im Klinikum schon seit einigen Jahren gemacht wird. Diese hätte den Vorteil individuell auf die Belange der Mitarbeiterinnen und Mitarbeiter eingehen und bedarfsgerecht Abhilfe schaffen zu können.

Ziel (*smart*) und Inhalt

Die Stadt führt regelmäßig arbeitsplatzbezogene Gefährdungsanalysen im Bereich der Verwaltung durch, die um Fragen zum Betriebsklima im Arbeitsbereich und im Dienstleistungsunternehmen Stadt Rosenheim ergänzt wird.

Mit dieser Maßnahme wollen wir erreichen, dass das physische und psychische Gefährdungspotenzial am einzelnen Arbeitsplatz und im jeweiligen Arbeitsumfeld analysiert wird und notwendige Maßnahmen zur Abhilfe ergriffen werden.

Meilensteine / Grobziele

Die Koordinierungsgruppe beauftragt ein Projektteam mit der Erarbeitung eines Konzepts zur Durchführung von Gefährdungsanalysen.

Das Projektteam soll bei der Erstellung des Konzepts die bisherigen Überlegungen zur Durchführung von Gefährdungsanalysen zusammenführen und gegebenenfalls berücksichtigen. Ergänzend sollte auf die Erfahrungen des Klinikums zurückgegriffen werden.

Im Konzept soll eine Aussage dazu gemacht werden, wie Fragen zum Betriebsklima im Arbeitsbereich und im Dienstleistungsunternehmen Stadt Rosenheim integriert werden können.

Erfolgsfaktoren

Jährlich wird für 20 % der städtischen Arbeitsplätze im Bereich der Verwaltung eine Gefährdungsanalyse durchgeführt.

Die sich daraus ergebenden Maßnahmen werden zeitnah umgesetzt.

Zuständigkeiten

Koog:	Grundsätzliche Entscheidung und laufendes Controlling
Arbeitsgruppe (alt. Maßnahmenverantwortlicher):	Entwicklung eines Begehungskonzepts
Ämter:	Entscheidung über sich ergebende Maßnahmen und Umsetzung

Ressourcenbedarf

I/11:   Haushaltsmittel

Mitarbeiter/innen der Arbeitsgruppe

Anlage 10

Die Maßnahme berührt auch folgende(s) Themenfeld(er):

☐ Betriebliche Gesundheitsförderung	☐ Personalplanung	☒ Betriebsklima/Wertschätzung
☐ Leistungsanreize	☐ Veränderungsmanagement	☒ Mitarbeiterbindung
☐ Fortbildung	☐ Führung	

Anlage 10

PE-Maßnahme

zum Schwerpunkt 4 Wertschätzung im

Themenfeld Betriebsklima / Wertschätzung

4.1	Führungsdialog	in Vorbereitung

Ausgangssituation / Impuls / Anlass   Beginn 2012

Der Themenschwerpunkt Wertschätzung war den Führungskräften und Mitarbeiterinnen / Mitarbeitern für das neue Personalentwicklungskonzept bei der Festlegung der Schwerpunkte ein besonders wichtiges Thema, das durch die Maßnahme Führungsdialog umgesetzt wird.

Für die Schaffung eines vertrauensvolles Betriebsklimas und einer wertschätzenden Umgebung der Mitarbeiterinnen und Mitarbeiter ist das Führungsverhalten ein sehr wichtiger Bestandteil. Bisher gibt es in der Stadt Rosenheim noch keinen strukturierten Austausch zwischen Führungskraft und direkt unterstellten Mitarbeitern zum Thema Führungsverhalten. Dadurch entstehen in der Praxis häufig Unzufriedenheit und Frustration, da sich Eigenwahrnehmung und Fremdwahrnehmung der Beteiligten oftmals unterscheiden, daraus Konflikte entstehen und es keine Möglichkeit gibt, solche sensiblen Themen anzusprechen. Aus diesem Grund kann die Einführung eines Führungsdialoges - so wie er in der Landeshauptstadt München seit über 10 Jahren erfolgreich praktiziert wird - ein nützliches Instrument für ein vertrauensvolles und wertschätzendes Betriebsklima sein.

Ziel (*smart*) und Inhalt

Die Stadt Rosenheim führt auf allen Ebenen ein wiederkehrendes moderiertes Gespräch zwischen Führungskräften und ihren Mitarbeitern ein. Die Stadt Rosenheim setzt bis zum 1.1.2013 Führungsdialoge mit einem eigenem Leitfaden / Konzept in der Praxis um. Bis zum 1.1.2015 wurde in allen Organisationseinheiten ein Führungsdialog umgesetzt.

Mit dieser Maßnahme wollen wir erreichen, dass in regelmäßigen Abständen ein formalisiertes Gespräch über Führungsverhalten durchgeführt wird, damit wir im Dialog Führungskultur und Zusammenarbeit weiterentwickeln. Methodisch geschulte Moderatoren begleiten den Dialog. Die Stadt Rosenheim entwickelt einen Leitfaden zur Durchführung eines moderierten Austausches zwischen Führungskräften und Mitarbeitern zum Thema Führung. Der Dialog wird von Mitarbeitern aus anderen Verwaltungseinheiten, die dazu speziell geschult werden, in wiederkehrendem Abstand durchgeführt. Auf Wunsch können auch externe Moderatoren herangezogen werden.

Meilensteine / Grobziele

Entwicklung eines Leitfadens für den Führungsdialog in Rosenheim durch den Maßnahmenverantwortlichen/Projektgruppe bis zum 31.12.2012

Information aller Mitarbeiterinnen und Mitarbeiter, Akquise und Schulung der Rosenheimer Moderatoren und Durchführung von Führungsdialogen in einer Modellphase vom 31.12.2012 bis 30.6.2013

Stadtweite Umsetzung ab 1.7.2013

In jeder Verwaltungseinheit mit Führungskräften wurden bis zum 1.1.2015 Führungsdialoge umgesetzt (Ausnahmen werden dokumentiert und begründet)

Begleitende Evaluation der Maßnahme anhand eines standardisierten Rückmeldebogens der Teilnehmer mit einer stadtweiten Zwischenauswertung aller Führungsdialoge ab 1.7.2013

Erfolgsfaktoren

Der Führungsdialog wurde zum 1.1.2015 in allen Verwaltungseinheiten mit Führungskräften durchgeführt.

Jeder Führungsdialog wird von den Beteiligten evaluiert. Die gesammelten Rückmeldungen ergeben eine insgesamt positive Evaluierung der Maßnahme.

Die Führungsdialoge können nach einer Implementierungsphase von Mitarbeitern der Stadt Rosenheim eigenständig durchgeführt werden.

Anlage 10

Zuständigkeiten

Dez. I: Benennung Maßnahmenverantwortlichen und Bereitstellung von Ressourcen in Abstimmung mit Koog

I/11: Controlling

Ressourcenbedarf

I/11: Haushaltsmittel für Anschubfinanzierung und Bereitstellung von personellen Ressourcen

---

Die Maßnahme berührt auch folgende(s) Themenfeld(er):

☒ Betriebliche Gesundheitsförderung   ☐ Personalplanung   ☒ Betriebsklima/Wertschätzung

☐ Leistungsanreize   ☐ Veränderungsmanagement   ☒ Mitarbeiterbindung

☐ Fortbildung   ☒ Führung

Anlage 10

PE-Maßnahme

zum Schwerpunkt 5 Sonstiges im

Themenfeld Veränderungsmanagement /Prozessmanagement

5.1	Beschreibungen für alle Stellen der Stadtverwaltung Rosenheim	in Vorbereitung

Ausgangssituation / Impuls / Anlass   **Beginn 2012**

Die Stadtverwaltung Rosenheim verfügt zur Darstellung ihrer Aufbauorganisation neben dem Verwaltungsgliederungsplan über einen Geschäftsverteilungsplan, der die Aufgaben der einzelnen Ämter und Dezernate darstellt. Außerdem gibt es vereinzelt Dienstverteilungspläne als Sammlung aller Stellenbeschreibungen eines Amtes. Die Darstellung der konkreten Aufgaben auf Mitarbeiterebene durch eine Stellenbeschreibung erfolgt bisher fast ausschließlich im Rahmen von Stellenbewertungen.

Aus der Sicht der Personalentwicklung schaffen Stellenbeschreibungen vor allem Klarheit über den Handlungs- und Entscheidungsspielraum (Aufgaben, Kompetenzen und Verantwortlichkeiten) der Mitarbeiter/der Mitarbeiterinnen. Das vermeidet Kompetenzkonflikte und wirkt sich damit auch positiv auf das Betriebsklima aus.

Stellenbeschreibungen erleichtern präzise Stellenausschreibungen und -besetzungen. Sie können auch Grundlage für passgenaue Maßnahmen der Personalentwicklung sein und unterstützen die Einarbeitung neuer Stelleninhaber.

Im Rahmen der Fortschreibung des PE-Konzepts wurde eine Mitarbeiterbefragung durchgeführt, bei der u.a. auch "Stellenbeschreibungen" als mögliche PE-Maßnahme zur Auswahl stand. Sie wurde auf Rang 5 von 10 gewählt.

Ziel (*smart*) und Inhalt

Alle Ämter haben bis Ende 2016 für ihre Mitarbeiterinnen und Mitarbeiter Stellenbeschreibungen erstellt, die Grundlage für Dienstverteilungspläne, Beurteilungen und Fortbildungsmaßnahmen sind, jährlich überprüft und fortgeschrieben werden.

Diese Maßnahme soll eine Basis für klare Aufgabenverteilung und Zuständigkeit schaffen sowie die Personalentwicklung fördern. Schriftlich fixierte Stellenbeschreibungen sind die Grundlage für Arbeitsverteilung, für (Leistungs-) Beurteilungen und Maßnahmen der Personalentwicklung. Sie beinhalten auch ein Anforderungsprofil. Im Rahmen von Mitarbeiterjahresgesprächen und der Leistungsbeurteilung werden sie jährlich überprüft und bei Bedarf fortgeschrieben. Insgesamt muss das Verfahren, das letztlich zu einer brauchbaren Stellenbeschreibung führt und ihre Aktualität sicherstellt, ressourcensparend konzipiert sein. Durch bewusste Einfachheit bzw. Beschränkung auf das unbedingt Notwendige, ist der Gefahr der Überorganisation entgegenzuwirken.

Meilensteine / Grobziele

Die von der Koog mit der Umsetzung beauftragte(n) Organisationseinheit(en) bzw. Projektgruppe erstellen/erstellt bis Ende 2012 ein Konzept, das beschreibt, wie die flächendeckende Einführung von Stellenbeschreibungen bis Ende 2016 erreicht werden kann. Dabei sind auch Vorschläge für eine zielführende Öffentlichkeitsarbeit zu machen. Sie soll die Vorteile von Stellenbeschreibungen darstellen und die Akzeptanz, sie flächendeckend einzuführen, erhöhen.

Außerdem ist ein "einfach zu bedienendes" Formblatt zu entwickeln, das eine detaillierte Aufgabenbeschreibung ermöglicht, ansonsten aber nur unbedingt notwendige Angaben abfragt und den Organisationseinheiten per EDV zur Verfügung gestellt werden kann. Es ist darauf hinzuweisen, dass eine Änderung des Aufgabenzuschnitts eine Neubewertung der Stelle erforderlich machen kann.

Anlage 10

Erfolgsfaktoren

Für 80 % der im Stellenplan aufgeführten Stellen liegt Ende 2016 eine Stellenbeschreibung vor.

Zuständigkeiten

Koog: beauftragt Projektteam

Ressourcenbedarf

Mitarbeiter Personalentwicklung

Die Maßnahme berührt auch folgende(s) Themenfeld(er):

☐ Betriebliche Gesundheitsförderung	☐ Personalplanung	☒ Betriebsklima/Wertschätzung
☐ Leistungsanreize	☐ Veränderungsmanagement	☐ Mitarbeiterbindung
☐ Fortbildung	☒ Führung	

III. Ideenspeicher für die kommenden Jahre

Der Ideenspeicher ist ein Instrument zur Erfassung weiterer Ideen, Wünsche, Anregungen und Vorstellungen für die künftige Weiterentwicklung des Personalentwicklungskonzeptes. Alle Mitarbeiterinnen und Mitarbeiter der Stadt Rosenheim können und sollen sich zu jeder Zeit in die Fortschreibung des PE-Konzeptes über das Personalamt mündlich, schriftlich, per eMail, anonym oder persönlich einbringen.

Der Ideenspeicher dient sowohl als wichtige Quelle für die Fortschreibung und weitere Maßnahmenentwicklungen nach drei Jahren wie auch als Ideengeber für kleinere Maßnahmen, die bereits zwischendurch umgesetzt werden können oder sollen.

1. Betriebliche Gesundheitsförderung (BGF)

- Erhalt und Ausbau der psychologischen Beratung *(Maßnahmenvorschlag Mitarbeiterbefragung)*

- Aufbau eines Gesundheitsmanagements (evtl. im Zusammenarbeit mit den Krankenkassen)

- Betriebliche Gesundheitsförderung bei allen wichtigen Entscheidungen und in allen Unternehmensbereichen berücksichtigen

- Alternsgerechtes Arbeiten in der Verwaltung fördern

- 2-Jahres Programm (2013 und 2014) zur Förderung der Gesundheit (Augen, Rücken, Bewegung, Ernährung) bzw. Sensibilisierung für Gesundheitsaspekte mit jährlich mindestens 4 Aktionen in Zusammenarbeit mit Personalamt, Personalrat, Eingliederungsbeauftragten, Krankenkassen entwickeln

- Gesundheitsvorsorge über Gesundheitszirkel mit eigenem Budget anbieten

- Aus Analysen des Krankenstandes (Krankenkassen; Städtetag) spezifische Gesundheitsangebote (präventiv und kurativ) entwickeln (lassen)

- Gesundheitsbewusste Ernährung (z. B. Kochkurse, Obstkorb) fördern

- Kostenzuschuss zu Gesundheits- und Wellnessangeboten (Schwimmen, Yoga, Fitnessstudio, Literatur/CD...) gewähren

2. Betriebsklima / Wertschätzung

- Regelmäßige Veranstaltungen zur Gemeinschaftspflege (Weihnachten, Sommer…) durchführen

- Zuschuss zu Veranstaltungen der Gemeinschaftspflege (z. B. für Amts- und Dezernatsfeste, Sommergrillfest, Weihnachtsfest…) gewähren

- Zu runden Dienstjubiläen (5, 10, 15… Jahre) Geschenkgutschein über 40 € (monatlich 44 € steuerfreier Sachlohn möglich. 40 € bei persönlichen Anlässen) überreichen

- Kostenlose Stadtführungen zur besseren Identifikation mit der Stadt Rosenheim, Besichtigungen von Organisationseinheiten (Baubetriebshof, Rettungsleitstelle) als Dauereinrichtung (auch für Auszubildende und neue Mitarbeiter/innen) anbieten

- kostenlose Pflanzen für die Büros (über Stadtgärtnerei) zur Verfügung stellen

3. Fortbildung

- Interkulturelle Kompetenz in der Verwaltung *(Maßnahmenvorschlag Mitarbeiterbefragung)*

- Voneinander lernen in der Verwaltung / „Kompetenzbörse" für Wissensweitergabe entwickeln

- EDV Schulungen zu Access und EDV-Tipps im Arbeitsalltag anbieten

- Spezielle EDV-Schulungen für ältere Mitarbeiter/innen, die in Bezug auf Stofffülle und Geschwindigkeit auf diese Zielgruppe zugeschnitten sind (insbesondere auch bei Programmänderungen).

- Kompetenzerweiterung „Outlook" als Mittel des persönlichen Zeitmanagements sowie des Zeitmanagements im Team.

- eMail-Disziplin und persönlichere Kommunikation fördern

4. Führung

- Aktive Personalfürsorge betreiben

- (Online-)Handbuch für Führungskräfte mit allgemeinen und an die Stelle geknüpften Verantwortlichkeiten erstellen

- Mentoring-Programm für Frauen entwickeln

- Mentoring-Programm für Führungskräfte entwickeln unter Berücksichtigung von Gesichtspunkten wie alte Führungskräfte helfen jungen Führungskräften, Wissens- und Erfahrungsweitergabe, Wertschätzung von „Alten" und „Jungen"

5. Leistungsanreize

- Angebote für Jobanreicherung, z B. Moderatorenbörse, kollegiale Beratung, Fortbildung durch eigene Mitarbeiter/innen, zeitlich befristete Übernahme von Projekten und Tätigkeiten entwickeln

- Hospitationen und Maßnahmen zur Jobanreicherung durch Vorgesetzte und Personalamt aktiv fördern

6. Mitarbeitergewinnung und -bindung

- Infotag für Beurlaubte *(Maßnahmenvorschlag Mitarbeiterbefragung)*

- Betriebskindertagesstätte oder Reservierung von Krippenplätzen für alle Mitarbeiter der Stadt beim Klinikum (zuverlässige ortsnahe Betreuung für Eltern, die früher aus der Elternzeit zurückkommen, anbieten)

- Flexibilisierung der (Lebens-) Arbeitszeit ermöglichen

7. Personalplanung

- Gewinnen von Auszubildenden mit Migrationshintergrund *(Maßnahmenvorschlag Mitarbeiterbefragung)*

- Elternkompetenzen bei Bewerbungen und Einstellungen berücksichtigen

- Wertschätzung für Erfahrung und Wissen Älterer im Zusammenhang mit Stellenbesetzungen fördern

- Interkulturelles Personalmanagement (KGSt-Bericht B 2/2011)

8. Veränderungs- und Prozessmanagement

- Kompetenz für Veränderungsmanagement *(Maßnahmenvorschlag Mitarbeiterbefragung)*

- Verbindliches Veränderungs- und Prozessmanagement und damit einhergehende Organisationsentwicklung / Konfliktmanagement einführen

 **Stadt Rosenheim**

Personalamt / Personalservice- und Entwicklung   30.01.2015

I/11 wo – Herr Martin Wollny

Tel. 1110

Rotationskonzept 2015 der Stadtverwaltung Rosenheim

> Breite Verwendbarkeit der Mitarbeiter/innen und das Prinzip des lebenslangen Lernens sind wichtige Bausteine unserer Personalentwicklung.
>
> Die Stadtverwaltung hat Überlegungen angestellt, wie diese Elemente geeignet unterstützt werden können. Unter anderem soll der Wechsel auf andere Dienstposten gefördert werden.
>
> Vielseitige Berufserfahrung wird zunehmend ein wichtiges Auswahlkriterium bei der Übertragung höherwertiger Dienstposten sein. Das Rotationskonzept 2015w soll dazu als ein erster Schritt dienen.

Folgende zusätzliche Anforderungen werden bei künftigen internen Stellenausschreibungen in das Anforderungsprofil eingefügt, und zwar ab 2017 bzw. dem jeweils genannten Datum als „**Soll**"-Anforderung und einige Jahre später als „**Muss**"-Anforderung.
Mit dieser Übergangsregelung soll den Mitarbeitern/innen die Möglichkeit gegeben werden, sich in ihrer eigenen Karriereplanung auf die Rotation einzustellen.

1. Bei neu zu besetzenden Stellen werden im Rahmen von Stellenausschreibungen höherwertige Dienstposten nur vergeben, wenn Berufserfahrungen in verschiedenen Fachbereichen/Dezernaten nachgewiesen werden.

Dies gilt zunächst nur für Stellen im Verwaltungsdienst (Beamtinnen/e: Fachlaufbahn „Verwaltung und Finanzen" bzw. entsprechende Stellen für Beschäftigte).

1.1 Bei Dienstposten mit Bewertung Besoldungsgruppe A11/E10 [ab 2017 Soll; später verpflichtend], sofern aus Gründen der Personalentwicklung nicht auf eine Ausschreibung verzichtet wird:
„*- Bewerber/innen* <u>*sollen*</u> *Berufserfahrung auf Dienstposten in* <u>*mindestens zwei Fach- bzw. Querschnittsämtern*</u> *vorweisen können.*"

1.2 Bei Dienstposten mit Bewertung Besoldungsgruppe A12/E11 [ab 2019 Soll; später verpflichtend]:
„*- Bewerber/innen* <u>*sollen*</u> *Berufserfahrung auf Dienstposten in* <u>*mindestens zwei Fach- bzw. Querschnittsämtern*</u> *vorweisen können; die* <u>*Tätigkeit in verschiedenen Dezernaten ist von Vorteil.*</u>"

1.3 Bei Dienstposten mit Bewertung Besoldungsgruppe A13/E12 [ab 2021 Soll; später verpflichtend]:
„*- Bewerber/innen* <u>*sollen*</u> *Berufserfahrung auf Dienstposten in* <u>*mindestens drei Fach- bzw. Querschnittsämtern*</u> *vorweisen können; die* <u>*Tätigkeit soll in verschiedenen Dezernaten erfolgt sein.*</u>"

2. Bei Führungspositionen wird zudem der Nachweis von Führungserfahrung oder das Absolvieren von geeigneten Führungsseminaren bzw. die Bereitschaft, solche Seminare kurzfristig zu absolvieren, zur Voraussetzung gemacht.

Dies gilt für Stellen im Verwaltungsdienst (Beamte/Beamtinnen: Fachlaufbahn „Verwaltung und Finanzen" bzw. entsprechende Stellen für Beschäftigte). Die Anwendung auf andere Berufsfelder (z.B. technische Berufe, Sozial- und Erziehungsdienst) ist im Einzelfall zu prüfen und im Rahmen der internen Stellenausschreibung mit Fachbereich und Personalrat zu klären.

2.1 Bei Führungsdienstposten mit Bewertung bis zur Besoldungsgruppe A11/E10 [ab 2017]:
„- Bewerber/innen sollen mindestens zweijährige erfolgreiche Führungspraxis vorweisen können.
Alternativ ist der Besuch von geeigneten Weiterbildungsmodulen für Führungskräfte im Umfang von mindestens 40 Unterrichtseinheiten in den letzten fünf Jahren nachzuweisen.
Wer diese Voraussetzungen nicht erfüllt, kann berücksichtigt werden, wenn sie/er sich dazu verpflichtet, die fehlende Weiterbildung innerhalb von 18 Monaten nachzuholen."

2.2 Bei Führungsdienstposten mit Bewertung Besoldungsgruppe A12/E11 und höher [ab 2017 Soll; später verpflichtend]
„- Bewerber/innen sollen mindestens vierjährige erfolgreiche Führungspraxis vorweisen können.
Alternativ ist der Besuch von geeigneten Weiterbildungsmodulen für Führungskräfte im Umfang von mindestens 40 Unterrichtseinheiten in den letzten fünf Jahren nachzuweisen."

Spätestens 2019 sind die Auswirkungen dieser Regelung sowie eine erforderliche Anpassung zu überprüfen.

Gabriele Bauer
Oberbürgermeisterin

Verteiler:
Veröffentlichung im Infoportal
Kopie je an ÖPR, GPR, Gleichstellungsstelle, Schwerbehindertenvertretung z.K.
Veröffentlichung in Mitarbeiterzeitung
Kopie je für I, I/10
WV eintragen / Zum Akt bei I/11